神のことばによって形造られる

――霊的形成における「みことば」の力

M・ロバート・マルホーランド Jr.
中村 佐知 訳

地引網出版

SHAPED BY THE WORD: THE POWER OF SCRIPTURE IN SPIRITUAL FORMATION Revised Edition

Published by Upper Room Books, 1908 Grand Avenue, Nashville, Tennessee 37212, USA

聖書の引用は特に指定のない限り『聖書　新改訳2017』を使用

私の霊的形成を助けてくれた
主の憐れみに満ちた共同体である
リン、ジェレミー、タリーナ、
ヴィオラ、そしてリチャードへ
愛を込めてささげます。

推薦の言葉

私たちを変容する神の力は、すべてのクリスチャンに差し出されています。しかし、変容されたいのちは偶然やってくるものではありません。私たちがキリストのうちに形造られ、キリストが私たちのうちに形造られるとは、紛れもなく神の賜物です。ただし変容という賜物を受け取りたいなら、私たちの側にも求められるものがあるのです。

丁寧に教えられてこなかったために、大勢の人がこの賜物を受け取り損なっています。人を変容する神の力を自分のいのちの中にどうやって受け取るのか、人を変容する神の臨在の中でどのように日々生きていくのか、私たちはほとんど教えられてきませんでした。多くの人たちは、聖書の中に差し出されている助けにほとんど気づかないまま、霊的旅路を始めるのです。

聖書こそ霊的形成のために最も重要な助けであるのは明らかです。しかし、人を変容させる聖書の力が私たちに実際どれだけ影響を及ぼすのかは、聖書をどのように読むかにかかっています。マルホーランド博士が提示する、情報《インフォメーション》と形成《フォーメーション》の明確な区別は、霊的形成に真剣に取り組みたい人にとって非常に有益でしょう。マルホーランド博士は、情報収集という観点から霊性に取り組むことの不毛さを指摘します。「知りたい」という私たちの願望は、往々にして消費者文化や「もっと多く」という貪欲な性質が、形を変えて表出しているに過ぎません。マルホーランド博士が提案することばへのアプローチは、情報を得るためのアプローチとは根本的に異なるものです。

今日見られる霊的形成への多大なる関心は、神に対する人間の深い渇望の表れです。この渇望は、次なる大覚醒と、より愛と公正に満ちた世界の可能性を予感させます。しかし、そこには大きなリスクも伴います。安っぽい恵みや手っ取り早い方法、確かな答え、成功志向のプログラムを差し出そうとする誘惑がいつもあるからです。マルホーランド博士は、神への渇望を次なる流行で終わらせないための方向を指し示します。神は、健全さ、成熟、完全さ、霊的形成、そして神へと向かう巡礼の旅路を歩んでいくようにと、私たちを絶えず励ましておられます。本書は、その神に向かって私たちが進み続けるのを助けてくれます。

また、本書の最大の強みの一つは、熟練した聖書学者の誠実な霊的旅路から生まれてきたものだということです。学術的な下調べはすでになされています。熱心な学徒でも失望することはないでしょう。私は幸いなことに、これらの講義を霊的形成アカデミーで聴講する機会に与りました。受講者にとってこれは神への窓となりました。読者の皆さんにとっても、本書が同じくらい有益なものとなりますように。

ルーベン・P・ジョブ
合同メソジスト教会 引退主教

序

本書は、一九八三年五月にアパルーム・ミニストリー〔訳注：クリスチャンの霊的生活を支援するための働き upperroom.org〕によって立ち上げられた、霊的形成アカデミーの最初の集会でなされた一週間にわたる講義をもとに生まれたものです。その講義のあと、『アパ・ルーム』の当時の世界編集委員だったルーベン・P・ジョブ主教より、講義録を出版に向けて早急にまとめてほしいとの依頼を受けました。

当時の私には神学校の運営に関わる重責があり、かつ教鞭を執ることで忙しかったため、このプロジェクトに十分な時間を割くことができませんでした。そこでこの作業を早めるために、『アパ・ルーム』の元世界編集委員であるジャニス・T・グレーナ氏が、講義録音のテープ起こしを引き受けてくださいました。何時間分もの講義のテープ起こしという面倒な作業に、グレーナ氏をはじめ多くの方々が献身的に手を貸してくださったことに心から感謝します。

さらに、グレーナ氏の後を継いでこのプロジェクトに関わってくださったマリー・L・レイ氏にも心から感謝します。このお二人からの支援、励まし、そして助言は、私にとってこの上なく価値あるものでした。そして、最初に約束した期限にどうしても間に合わなくなったときに、お二人が示してくださった理解にも感謝しています。

また、私がこのプロジェクトに取り組むために、家族が多くの時間を割いて助けてくれました。そうでなければ本書の完成はいっそう遅れていたことでしょう。何よりも、妻のリンと、リンの母のヴィオラ・ショールが時間をかけて丁寧に校正と修正の労をとってくれたことに、深く感謝します。

ケンタッキー州ウィルモア
一九八四年

先に記したように、本書は今から約二十年前、「ポストモダン」が世界中のほとんどの文化を形作るものとして認知される前に生まれました。そこで、ポストモダンの世界に語りかけるために、本書を完全に書き直すべきだろうかと悩みました。しかし、しばらく考えた結果、本書でそもそも私が試みようとしたことは、みことばへの「近代主義」的なアプローチ（情報《インフォメーション》重視）からポストモダンのアプローチ（形成《フォーメーション》重視）に移行するのを助けることだったと気づきました。それはつまり、抜本的な書き直しは不要であり、霊的に形成されることを求めてみことばを読むという本書の焦点は、ポストモダンの世界がみことばの中で神に出会う上で、引き続き助けになるということです。

この改訂版は、まずジョージ・ドニジャンが、それからジョアン・ミラーとスティーブン・ウィルバーンが巧みに仕上げてくださいました。私の不規則なスケジュールにもかかわらず、忍耐をもって多大な助けと支援をくださったことを感謝します。

そして、休暇の間も本書の改訂のために時間を費やすことを快く許してくれた妻のリンに、今回も心からの感謝をささげます。

ケンタッキー州ウィルモア

二〇〇〇年

目次

第一部

はじめに

第一章
現在地の確認

　今、キリスト教界に新しい動きが起こっています。クリスチャンの全人的成長には、意図的な霊的形成が不可欠であると気づき始めたのです。霊的形成のプログラムが次々と現れ、霊的旅路に関する本も続々と出版されています。その多くは深みがあって豊かな内容ですが、残念ながら、表面的で単純化され過ぎたものもあります。

　私は霊的形成の専門家ではありません。実際、この分野に「専門家」と呼べる人はおそらく存在しないでしょう。私たちは皆、キリストにあって神が備えておられる「完全さ」〔訳注：以下、本書で「完全」というときは、誤りのない完璧さという意味ではなく、欠けや傷が癒やされ回復されているという意味での「完全（ホールネス）」を意味する〕へと向かう途上の巡礼者です。旅路の途中で学んだことや体験したことを互いに分かち合い、建て上げ合うのです。

　読者の皆さんの霊的旅路の中で、本書が、神の望む役割（それが何であれ）を果たすものとなることが私の祈りです。神が本書を通してあなたに何をなさるのか、私にはわかりません。おそらく、あなたにもわからないでしょう。神が私たちの人生の特定の時点で具体的に何をなさろうとしているのかを、完璧に、確実に、はっきりと知ることなど、そもそも不可能です。もし私たちにわかるのであれば、霊的旅路をコントロールしているのは神ではなく私たち自身ということになります。

しかし神は、目的をもって私たちを「キリストのかたち」という完全な姿に成長させようとしておられます。結局のところ、あなたが本書を読んでいるのは、単にあなた自身のためではありません。もちろん、個人的な理由も確かにあるでしょう。しかし、本書を手にした動機が何であれ、それよりはるかに深い神の目的、あなたの人生において神が成し遂げたいと思っている目的があるのです。その目的の中で、本書は重要な役割を果たすことになるかもしれません。主がその目的を成し遂げてくださいますように。

そこで、本書を読み始めるにあたり、祈りのうちに私と約束していただけないでしょうか。まず、著者である私のためにお祈りください。あなたが本書を読むとき、私の書いたことが神の御手に渡され、神ご自身があなたに語ってくださいますように。次に、読者であるご自分のために祈ってください。本書を通して、神があなたの人生でなさろうとしていることに、あなたが自らを委ねることができますように。ここで今、心を静めるために少し時間を取ってください。この本を手にとって読み始める前にあなたが何をしていたのか、私にはわかりません。神の臨在の中に安らいでいたかもしれませんし、生活のさまざまなプレッシャーの中で心が乱れ、注意が散漫になっていたかもしれません。少し時間を取って、沈黙の中で心を静めてみましょう。そして、この章を通して、神があなたのために持っておられる目的に何らかの形で自分を委ねることができるように、少し時間を取って祈りましょう。神にあなたの中で働いていただくための許可を与えましょう。たとえば次の祈りを、私と共に祈ってみてはいかがでしょうか。

愛と恵みに満ちた神様、あなたは本書を通して、著者である私と読者の皆さんの人生を結びつけてくださいました。あなたの摂理に感謝します。これから私たちが共に行うことを通して、あなたに自分自身を明け渡し切ることができますよう、あなたの恵みによって、また私たちの人生に深く関わってくださる御霊のお働きによって、助けを与えてください。それにより、私たちが完全な者にされるための善なる十全なあなたの御旨が、私たちのうちに、また私たちを通して成し遂げられますように。あなたは、そのためにこそ、私たちを本書において結び合わせてくださったからです。イエスの御名によって祈ります。アーメン。

このような本を執筆することの難しさの一つは、読者であるあなたが、キリスト教霊性の体験と実践においてどのような場所にいるのか、私にわからないことです。私が語ることはあなたにとって新しくないかもしれません。その場合、神があなたに忍耐という霊的修練をさせようとして、あなたにこの本を読ませているのかもしれません。もちろん、新約聖書で信仰の先輩が述べているように、基本の反復も無駄にはならないでしょう（ピリピ３・１）。

あるいは、私がお分かちするように導かれている事柄は、あなたを動揺させ、いら立たせ、悩ませるかもしれません。それは私の意図するところではないのですが、もしそのように感じるなら、もしかするとそれは、神があなたの人生のより深い次元に入って行くための入口にしようとしておられるのかもしれません。あなたの人生の奥深くにある閉ざされた扉を、神がノックしておられるのかもしれません。これは私が自分自身の霊的生活の中で発見したことですが、私の不安定な「内なる平安」をひっくり返すような何かに出くわすとき、往々にしてそれは、神からのノックだったりします。私の人生の中で神を締め出し、自らを拘束してしまった領域への、神からの最初のノックなのです。

「神が戸をたたく」と聞くと、黙示録3章20節のイエスが戸をたたくという箇所が思い起こされます。それは悔い改めようとしない罪人の心の扉のことだと思われがちですが、ここはクリスチャンに宛てて書かれたものであることを思い出してください。彼らは生ぬるく、世的で、周囲の文化の価値観や考え方や方法にすっかり染まっていました（黙示録3・15－17）。彼らはこの世での自分たちの生活から神を締め出したクリスチャンでした。しかし神は、彼らの生活の中にある閉ざされた戸の前に立ち、ノックしたのです。神は彼らにおっしゃいました。「わたしは愛する者を、戒め、養育する」（黙示録3・19［著者訳からの邦訳］）[1]。

神の御心は、私たちを完全な者にすることです。私たちの生活の中にある御心に沿わない部分を神が示してくださるとき、単に問題を指摘し、「それを取り除き、変えなさい」と言って終わりではありません。私たちが完全な者にされるために、その時点で必要としている助けも差し出してくださいます。神が戸をたたくのは、私たちの全人的な在り方を気にかけてくださるという、神の本質的なご性質のゆえなのです。神は、私たちの生活の中で神が締め出されている部分をノックします。私たちはそこに閉じ込められていて、神の御心と愛の中での自由を味わっていません。私たちが動揺し、いら立ち、悩み、自分の理解や感情のバランスを崩す出来事に遭遇するのは、ほとんどの場合、自分の生活の中にあるまさにそのような場所においてです。それらの体験はまず間違いなく、私の人生の閉ざされた扉への神のノックとなります。私という人間が完全さに向かって成長するための神の新しい働きは、まさにそこから始まるのです。

もし私がお分かちすることの何かがあなたを動揺させても、どうか本書を投げ捨てたり、耳を塞いだり、背を向けたりしないでください。むしろ、神があなたの生活の中の閉ざされた扉をノックしているのではないかと、その可能性を考えてみてください。その体験を通して、神の声を聴き、「戸」を開くなら、これまでとは違った形で神に触れていただくことになるでしょう。

なお、本書の構成は、遠回りをしているように感じられるかもしれません。霊的形成でどのよい、うにみことばを用いたらいいのか、それに関する具体的な情報やテクニックや方法やモデルについては、本書の最後になるまで取り上げないからです。早く本題に入ってほしいと思うかもしれませんが、「どのように」というのは、おそらく一般に思われているよりずっと深遠な問題なのです。「どのように」とは、情報やテクニックや方法やモデルよりも、みことばに取り組むときの、神との関係における私たちの姿勢や在り方に関わってきます。「みことばによって霊的に形造られる」ことに自分を委ねる姿勢を持たなければ、おそらくどんなテクニックも方法も不毛なものとなるでしょう。場合によっては有害ですらあるかもしれません。ですから、霊的形成におけるみことばの役割に関するテクニックや方法やモデルについて考慮する前に、まずみことばに近づくときの姿勢を吟味するところから始める必要があります。私たちがどのような姿勢でいるとき、神はみことばを用いて霊的変容をもたらしてくださるのでしょうか。

第二章 いかにして「読まず」に「読む」か[2]

本書を開いたその瞬間、あなたの中に備わっている認知の力が活発に作動し始めました。あなたは、これまで自分がずっと用いてきた学習形態の「犠牲者」です。その学習形態は教育がもたらしたもので、あなたを「支配を握る力（読者）」に仕立て上げました。読者であるあなたは、自分の目的（ここでは霊的形成）のために、目の前に提示される情報（文章《テクスト》）を自分が用いることのできるもの（テクニック、方法、モデル）として使いこなそうとします。

私たちには、読もうとするテクストの「支配者」に自らを位置付ける読み方が、すっかり染みついています。たいていは無意識のうちにでしょうが、あらかじめ自分の課題や目的をしっかり設定しています。読み始めたものがそれにそぐわないとわかると、早々に読むのを止めて、目的にかなう別のものを探し始めます。自分の課題や目的に合っていれば、知性を駆使してテクストを理解し、それを自分の支配下に置きます。合理的・認知的・知的動力《ダイナミクス》が総動員され、自分の課題や目的にかなうと見なされる情報（つまり自分が読んでいるもの）を分解し、分析し、構成し直し、統合し、そして消化するのです。テクストに対するアプローチは自分が決めます。そしてテクストとどのように関わるかも自分が決め、テクストが自分の人生に与える影響も自分で調整します。何かを読むときの私たちの全般的な姿勢は、テクストを自分の支配下にある対象物と見なすことです。そのテクストが自分の生活に与える影響は、自分が決めるのです。

このような読み方は、霊的形成におけるみことばの役割を台無しにします。実際それは、純粋な霊的形成の妨げになります。霊的形成で「どのように」みことばを用いるのかという問いが、おそらくあなたが思っている以上に深遠なのは、そのためです。霊的形成におけるみことばの役割が、情報そのものやテクニックや方法やモデルよりも、みことばに向かうときの神との関係における私たちの姿勢に関わるのは、そのためです。

そこで、これまで習得してきた学習形態に代わる別の学習のモード、特に読書における姿勢を提案しましょう。それを「霊的な読み方（霊的読書）」と呼びます。本書を読みながら早速試してみてください。

第一に、この読み方では、神の御声を聴くために耳を澄ますことを最優先させます。本書を読むときも、神があなたに語っていることを聴き取るべく、注意と集中を神に向けるよう心がけてみてください。読むものすべての中に、またそれを通して、その内に、それを超えて、その背後に、その前方に、語りかける神の御声を聴き取るよう意識します。「これらすべての中で、神は私に何を語ろうとしているのだろうか？」と自問してください。これまでの学習形態は、あなたを「情報を習得する支配的な力」という立場に位置付けていました。しかし、このように自問しつつテクストに向かうなら、あなたとテクストの立場は次第に逆転していくでしょう。そしてテクストは、あなたの人生に神の恵みが流れ込むための経路となるでしょう。テクストを通して神に生活のアジェンダ（計画）を設定していただくという選択肢に、あなたは心を開き始めるでしょう。この練習は、あなたの読書へのアプローチを変えるだけではありません。霊的形成におけるみことばの役割を受け入れるように、あなたを整えるだけでもありません。これは、純粋な霊的形成を促進するような形で、神との関係におけるあなたの姿勢全体を変容し始めるでしょう。

　第二に、自分が読むものに対して、合理的・認知的・知的な能力ではなく、心と霊をもって応答してみてください。だからといって、あなたという存在の中にある認知的・合理的・分析的動力《ダイナミクス》を無視するわけではありません。それらの能力は私たちの文化や普段の学習モードですでに過剰に発達しているので、それらを用いないように気をつけても、バランスを崩す心配はないでしょう。問題は、私たちは認知的な方向にあまりに過剰に傾いていて、それが当然だと思う傾向にあることです。知的に鋭ければ鋭いほど、より頭がよく、より優秀で、より素早く概念を把握して統合できると思っているのです。

　しかし、神の求める「完全さ」という観点から言うなら、それは真実でしょうか。確かに私たちは知性のすべてを用いて神を愛さねばなりません。私たちの認知的・知性的・合理的能力をできる限り最大限に活用すべきです。けれども、イエスが神を愛することについて教えたとき、知性を尽くすことは、心を尽くし、いのちを尽くすことの後にきたことを思い出してください。ところが私たちの在り方においては、合理性、認知、知性が優位な形態です。私たちはすべてのことを、知性的な認知過程のフィルターに通してしまうのです。

知的な精神活動が悪いと言っているのではありません。私たちの生活における合理的・認知的な力の持つ役割がバランスを欠いている、と言いたいのです。そのような不均衡があると、人は自分が遭遇するものから距離を置き、「自分にとっての最善の判断」という光のもとでそれを評価し、その後、それをどのように扱うかを決定することになります。ここで問題が生じるのがわかりますか？　その遭遇を通して私たちが出会っているのが神だとしたら、どうでしょうか？　神と出会っているのに、単に認知的・合理的・知性的な活動モードになって一歩退き、自分にわかる範囲の最善（クリスチャン的に見ての最善だとしても）という観点からその出会いを評価し、それは自分の益にならないと結論づけてしまったら？　そういうアプローチが当たり前になっているなら、神が私たちの心の扉をたたいても、その扉には防音材が貼られているも同然です。その出会いの中に神が存在するという可能性に、深い次元で自分を閉ざすことになるからです。

それに代わる読書へのアプローチを取り入れることは、容易ではないかもしれません。自分の生活に染みついている不均衡と葛藤するかもしれません。絶えず合理的・認知的・批判的アプローチで情報処理をしようとする傾向が自分にはあると気づくかもしれません。それでも、私が提案することを試してみてください。やがて実を結ぶはずです。

みことばを読むときの私たちの問題の一つは、認知的・合理的・批判的モードでみことばに向かうことです。私たちはみことばから少し離れたところに立ち、観察し、評価し、その時点での自分の基準と目的に合わせて判断しようとします。みことばに応答するときも、みことばを通して神に語りかけていただくというより、往々にして何らかのレベルで自分自身をみことばの中に読み込んでいるに過ぎません。それを「自己参照」または「自己言及」と言いますが、私たちはそうやって、自分の「偽りの自己」を正当化するためにみことばを操作するのです。そして、神に自己を徹底的に明け渡すことによって現される「真の自己」への招きに抵抗します。

本書を用いて霊的読書を試すにあたり、私が提案したい第三の点は、自分という存在のより深い次元で応答することです。たとえば、ここで言われていることについて私はどう感じるだろうか、どう反応するだろうか、心の奥底でどう応答するだろうか、私の霊の深みで何が湧き上がっているだろうか、と自問します。それから、なぜこのような形で私は応答しているのか、なぜ私の内側にこのような感情があるのか、何が私の中で起こっているのか、神の霊は私の霊にどのように触れておられるのか、といった問いをします。この練習を、自分という人間のより深い現実に目を向けるための機会としてください。

あなたの応答から、自分の癖、態度、視点、人生への反応について、何がわかるでしょうか。自分自身について、何がわかってくるでしょうか。トマス・ア・ケンピスは、「自分についてのへりくだった知識を持つことは、深い学問を求めること以上に、神に至るためのより確実な道です[3]」と言いました。この「自分についてのへりくだった知識」は、学習を通して得ることが可能です。そのためには「自分という存在の奥深くから出てくる反応」という感情的動力《ダイナミクス》に注意を向けることで、自分の習慣になっている認知的・合理的・知性的応答のパターンとのバランスを取る必要があります。本書を読みつつ試してみてください。

このような姿勢を自分の中に取り入れていくなら、だんだんと霊的な読み方ができるようになるでしょう。情報に富んだものを読むときでも霊的形成を促す応答ができるように、前述のような応答のモードを養ってください。それは「合理性のフィルター」(神の声の多くを取り除いてしまいかねない)を外すのにも役立ちます。そうすれば、あなたは心とたましいの次元で聴き始めるでしょう。イエスは何度も「耳のあるものは聞きなさい」と言いました。[4] これは奇妙な勧告です。偽りの自己が神から隠れるために用いる合理性のフィルターを外すように、とおっしゃっていたのかもしれません。

私たちはこの文化の中で、耳はあっても聴かないように形成されてきました。どうやって自分の存在の深い次元で聴いたらいいのかわからないのです。その術《すべ》をもう一度見出す必要があります。霊的形成の過程で、神が意図されたとおりの役割をみことばに担ってもらいたいなら、おそらく最大の課題はこれでしょう。変容がもたらされるような応答のモード、すなわち自分という存在のより深い次元で、みことばを通して神に明確に語っていただけるような応答のモードを養うことです。

ここで私がお勧めした三つの練習は、本書を読み進む中で、今までとは異なる応答のモードを発達させるための手段となるでしょう。

第三章
霊的形成の本質

本書では、クリスチャンの霊的形成を「他者のために、キリストのかたちと同じ姿にされていくプロセス」と定義します[5]。本書での議論における共通の基盤を持つために、この定義に含まれる四つの基本要素、すなわち「プロセス」「同じ姿にされる」「キリストのかたち」「他者のため」について簡単に見ていきましょう。

プロセス

霊的形成とは、瞬間的な体験ではありません。ときには瞬時に何かがなされることもあるかもしれませんが、本来はそういうものではありません。それはキリストのかたちへと成長していく、生涯続くプロセスです。霊的形成の「徐々に変化する」という側面は、即時の満足を求める私たちの文化に逆行します。時間でも、エネルギーでも、資源でも、投資をすればただちに利益が出ることを期待するよう私たちは訓練されてきました。そのため、「生活の中で目に見える確かな変化が現れるまでには霊的修練を長期的に積む必要がある」と言われると、あまりいい気持ちがしないのです。霊的形成のこの側面については、霊的修練について述べるときにより詳しく説明します。

　霊的形成とは、してもしなくてもいいという選択肢ではありません。熱心なクリスチャンのためだけの修練ではありません。敬虔な人たちだけが追求するものでもありません。深く献身している人たちだけの活動でも、時間とやる気がある人の霊的な飾りでもありません。

　霊的形成とは、人間という存在の根本的な現実です。人生におけるすべての出来事は、霊的形成の体験なのです。私たちのすべての行動、すべての応答、すべての人間関係、頭に浮かぶすべての思い、心に抱くすべての感情などは、どれも少しずつ、ほんのわずかずつ、私たちを何らかの在り方へと形造っていく、非常に小さな「場」です。私たちはキリストのかたちの完全さ《ホールネス》へと形造られつつあるか、それをひどく歪曲したキリストもどきの姿へと形造られつつあるか、そのどちらかなのです。パウロが「あなたがたが行うことは何でも、ことばであれ行いであれ、すべて主イエスの名によって行い、主にあって父なる神に感謝をささげなさい（コロサイ3・17　NRSV聖書からの邦訳、傍点著者）」と促したのはそのためでした。クリスチャンの霊的旅路とは、神のうちに、神を通して、神のために生きる人生です。

　人間の人生とは、まさにその本質により、霊的形成なのです。問題は、霊的形成を始めるかどうかではありません。今どのような霊的形成を通っているか、です。私たちは日々、この世の不完全さや傷や崩壊に同化しつつあるのでしょうか、それとも、キリストのかたちの完全さや健全さに日々同化しつつあるでしょうか。

　クリスチャンの霊的形成でまず重要なのは、文化によっていつの間にか私たちに深く刻まれた破壊的な負の霊的形成が、どのようなものであるかを理解することです。それについては第四章以降で見ていきます。

同じ姿にされる

　霊的形成のこの側面も、私たちが文化的に適応してきたものに逆行します。私たちの文化は、物事を対象化し、情報と機能を重視します。私たちはおおむね物質主義的・人道主義的な世界観によって支配されています。その世界観では、「外にある」あらゆるものを自分の目的のため、さらに困ったことには神の目的のため（！）に、把握し、コントロールし、操作すべきだと考えます。このような観点は私たちにあまりにも深く染みついているため、自己イメージも、自分の存在意義も、価値も、目的も、世界や他者や神さえも、いかに効果的に把握し、支配し、操作できるかによって決定します。（これについてはこの後、さらに見ていきます。）「外にある」ものを自分の目的のために操作しようとして、情報を得ることで自らの支配力を行使していくのです。

「同じ姿にされる」という考えそのものが、自分以外の何者かによって理解され、支配されることを示唆するため、私たちに深く染みついている感覚と衝突します。把握したがる人は、神によって把握されることに強くに抵抗します。支配したがる人は、神の支配に物事を委ねることがどうしてもできません。操作したがる人は、神によって形造られることを断固として拒否します。情報を集めたがる人は、神に語りかけられることに極度の困難を覚えます。効率の良さを絶えず求める機能的な人は、自分の手のわざを止め、静まって神を神とすること（詩篇46・10参照）がこの上なく苦手です。イエスの「自分のいのち（把握し、支配し、操作したがる〝偽りの自己〟）を救おうと思う者はそれを失い、わたしと福音のためにいのち（偽りの自己）を失う者は、それを救うのです」（マルコ8・35　括弧内は著者による）という言葉の中にある、より深いダイナミクスがおぼろげながら見えてきたのではないでしょうか。

私たちの文化における「即時に満足を得る」ことへの切望は、把握し、支配し、操作する生き方から生まれたものです。自分が有能な人間であることを確認するためには、それが必要なのです。それは、有能だというアイデンティティーを支えてくれます。自分の行動がそういった満足を生まないなら、自分は「世の中にある」ものを賢く管理できる有能な人間ではないことになるのでしょう。「同じ姿にされる」という発想は、このような深く染みついた切望と相入れません。神のご計画（アジェンダ）に沿って神に形造られるために、忍耐強く、信頼しつつ、根気強く待ち、神のうちにとどまり続けることに、私たちは非常な困難を覚えるのです。

純粋な霊的形成、すなわち「同じ姿にされる」とは、私たちの文化がもたらす負の霊的形成を大きく転換させるものです。それは、自ら物事を動かす〝主体〟から愛に満ちた神のご計画の〝対象〟へと、私たちの役割を入れ替えるのです。神のご計画は、まったく欠けのない完全で健全な者にするために私たちを「支配」することを求めます。純粋な霊的形成は、支配する側（自分の生活に願い通りの結果をもたらすよう行動する人）から、支配される側（神の目的をもたらすために、自分の生活の中で神の霊に働いていただく人）へと、私たちの役割を逆転させます。また、いつも自分を満足させようとすることから、忍耐強い、特定の結果を指向しない明け渡しへと、私たちの姿勢を逆転させます。そして、自分の作品であることから神の創造物であることへと、根本的な転換をもたらします。

キリストのかたち

同じ姿にされること、すなわち神が私たちの人生の中で成し遂げようとしておられる働きのゴールは、きよめ、癒やし、回復、刷新、そして変容です。私たちの在り方（being）と行い（doing）が日ごとにキリストの在り方と行いに似たものとなっていくことです。パウロはそれを、コリント人への手紙第二3章17－18節で次のように簡潔に述べています。

主は御霊です。そして、主の御霊がおられるところには（私たちがキリストに似た者なることを邪魔するすべてのものからの）自由があります。私たちはみな、覆いを取り除かれた顔に、鏡のように主の栄光（キリストの在り方の本質そのもの）を映しつつ、栄光（歪められ損なわれた私たちの姿、偽りの自己）から栄光（キリストの完全な姿）へと、主と同じかたちに姿を変えられていきます。これはまさに、御霊なる主の働きによるのです。［括弧内は著者による］

このような霊的形成は、私たちの内側にあるキリストのかたちに似ていない部分で起こります。神が私たちに出会ってくださるのは、私たちがキリストのかたちと同じ姿になっていない、まさにその部分においてなのです。そこにおいて、神は私たちの不完全さや傷の前に立ち、神の差し出す赦しと癒やしに応答するよう私たちを励まし、自らを聖別するよう招きます。そして私たちがその招きに応答するとき、私たちの壊れた部分がキリストのかたちと同じ姿にされるために、神は喜んで働いてくださいます。

みことばは、私たちがキリストのかたちと同じ姿にされるこのプロセス全体の中心付近で作用します。これから見るように、私たちの存在の「把握・支配・操作」モードにおいて、神が私たちに出会ってくださる主要な経路の一つがみことばです。みことばは、新しい在り方への発展と可能性へと私たちを目覚めさせるために、神が用いる中心的な手段なのです。

他者のために

純粋な霊的形成の最も難しい側面は、それが「他者との関係」と切り離せないという事実を受け入れることでしょう。自分に関することばかりを重視する私たちの文化では、霊性とは自分と神の間の個人的なものであり、他者との関わりは関係ないか、あってもせいぜい二次的だという考え方に簡単に陥ります。

イエスは最も大切な戒めは何かという問いへの答えで、私たちの考えを正します。

「あなたは心を尽くし、いのちを尽くし、知性を尽くし、力を尽くして、あなたの神、主を愛しなさい。」第二の戒めはこれです。「あなたの隣人を自分自身のように愛しなさい。」

（マルコ12・30—31）

「第二の」という言葉を聞くと、最初に来るものよりも劣ると考えがちです。第一義は神を愛することで、人に目を向けるのは時間とエネルギーと関心にゆとりがあればでいい、と思うのかもしれません。

しかしながら、イエスの言葉は、このように訳されるべきです。

「あなたは心を尽くし、いのちを尽くし、知性を尽くし、力を尽くして、あなたの神である主を愛せよ。」言い換えるならば、「あなたの隣人をあなた自身のように愛せよ。」

この訳し方は大雑把だと思いますか。だとしたら、あなたはあまりヨハネの手紙第一を読んでいないのでしょう。この手紙の要点は、人と神との関係は、その人と他者の関係と切り離せないということです。この訳は、イエスの回答の前半部分は、マルコとマタイ、ルカの福音書の並行箇所以外には新約聖書のどこにも見られない、という事実によってより一層はっきりします。ところが後半部分は、福音書以外にも、ローマ書13章9節、ガラテヤ書5章13節、ヤコブ書2章8節など、少なくとも三箇所に見られます。初代教会は、このイエスのことばが何を意味していたのかを理解していたようです。私たちと神の関係は、他者との関係という文脈の中にあるのです。

ということは、自分の霊的成長を評価しようと思ったら、次のような、あまり心地良くない、核心を突いた質問をしなければなりません。「私たちは、他者との関係において、さらにキリストに似た者になっているだろうか?」霊的旅路がキリストのかたちと同じ姿にされていくプロセスであるなら、私たちは他者との関係においても日々ますますキリストに似た者へと変えられていくはずです。

ここで、私たちの霊的巡礼の旅におけるみことばの主要な側面の一つに到達します。みことばとは、神が私たちと出会う場であるだけでなく、私たちと他者の関係の本質を神が探索する場でもあるのです。では、他者との関係において私たちを変容するような神との出会いを経験するために、どのようにみことばに向かえばいいのでしょうか。

第二部

重要な認識の転換

第四章
さまざまな神の「言葉」

私たちの認識の枠組み

私たちは皆、習慣、態度、視点、人間関係のダイナミクス［訳注：複数の因子が絡み合い、互いに影響しながら変転するさま］、反応メカニズムの構造という、深く刻み込まれた認識の枠組みを持っています。これらのものは、この世での私たちの生き方を形造ります。認識の枠組みは、私たちが神をどう理解するか、また自分や他者をどう理解するかを左右します。それは神や他者、そして自分自身との関係において、私たちの振る舞いや関わり方に影響を与えます。さらに、さまざまな状況での私たちの反応や応答の仕方を決定します。

この認識の枠組みというものは、私たちの牢獄ともなりかねず、実際多くの場合そうなります。自らの認識の枠組みに束縛され、将来は過去の再現となるのです。霊的形成におけるみことばの役割の一つは、私たちをこの束縛から自由にすることです。さらにみことばは、私たちのうちに変容された認識のダイナミクスを生み出し、育てます。神、自己、他者という最も重要な三つの関係は、その変容されたダイナミクスの中で豊かなものになっていきます。

ここで問題です。みことば自体は、どのようにして私たちの古い認識の枠組みの束縛から逃れることができるでしょうか。古い認識の枠組みとは、自分にとっての基本的現実として自分の計画に沿って建てたもので、偽りの自己の構造を強化します。そのような方法でみことばを読んでしまう習慣を打ち砕くには、どうすればいいでしょうか。

この問題に取り組むにあたり、認識の枠組みの束縛から解放されるのに役立ち得る四つの方法をお分かちします。まず、「さまざまな神の言葉」という考え方です（本章）。次に「情報《インフォメーション》」対「形成《フォーメーション》」という側面（第五章）、三つめはみことばの図像的性質に関する洞察です（第六章）。最後に、聖書的に見る「カイロス的存在」を取り上げます（第七章）。

あなたは神の「言葉」

認識の枠組みが何であれ、スタート地点にすべき場所はおそらく、私たちが自分をどう理解しているかでしょう。あなたは神の「言葉（word）」です！　すべての人間は神が発した「言葉」、神が発したことで存在するに至った「言葉」なのです。

パウロはエペソ人への手紙1章4節でとても重要なことを述べました。「世界の基が置かれる前から、神はキリストにあって私たちを選んでおられました。それは私たちが愛のうちに、神の前に聖く傷のないものとなるためでした」〔著者による言い換え〕。私はこの節を何年も読んできましたが、ある時、突然「選んだ」という語句が目にとまりました。それは二つのギリシア語から構成される語句で、*ek*という前置詞と、*lektos*という基語から成り立っています。*lektos*は「話す」という意味の*lego*から来ます。*Ek*は「～の中から外へ」「～から前方へ、～から表へ」という意味です。そこで、この複合語を「(言葉を)発することで生み出す」と訳すことは、極めて妥当であるように思えます。

結局のところ、私たちが誰か、または何かを「選ぶ」とは、複数ある選択肢の中からその人またはその物体を、「(言葉として)発することで前に出す」ことではないでしょうか。ということは、パウロは、「世界の基が置かれる前から、神はキリストにあって言葉を発することで私たちを生み出されました。それは私たちが愛のうちに、神の前に聖く傷のないものとなるため」だったと言っているのです。パウロは私たちを、創世記1章の「神は……と仰せられた。するとそのようになった」に連れ戻すかのようです。神がすべての被造物を存在するに至らせたときに発せられた、最初の「神のことば」へと連れ戻すのです。しかしパウロは、そこからさらに前へと私たちを連れて行きます。世界の基が置かれる前から、私たちは神が発した言葉だと言うのです。人間の存在を認識するにあたり、ここにはとてつもない含意があります。人間のいのちとは、創造もしくは進化から派生した結果として存在するのではなく、先に人間の存在があって、創造はそれに従属するのだとパウロは示唆しているのです！

ローマ書8章29節の「神は、あらかじめ知っている人たちを、御子のかたちと同じ姿にあらかじめ定められたのです」という箇所でも、関連する洞察が見られます。「神は、あらかじめ知っている人たちを」とパウロが書いたとき、あなたが母の胎に宿ったときに天は少しも慌てなかったことを示しています。あなたの家族は大慌てしたかもしれません。思いがけなく妊娠すると混乱が起こります。しかし、あなたが母の胎に宿ったことは、神にとっては思いがけないことではありませんでした。あなたは愛に満ちた神の心の中で、目的を持って存在に至らされたのです。神は世界の基が据えられる前に、あなたという言葉を発しました。神はあなたが存在することを、「あらかじめ」知っておられたのです。

神はただ「あなたという言葉を発した」だけでなく、極めて特別な種類の「言葉」として愛のうちにあなたを存在に至らせました。神の前に聖く傷のない存在としてです。「聖い」とは、神のかたちに造られた私たちの存在の完全さと関係があります。「傷のない」とは、その完全さから流れ出る行いと関係があります。おわかりでしょうか。神は、私たちのいのちの在り方と行いの両方のダイナミクスに関わっておられるのです。これがローマ書では「神は、あらかじめ知っている人たちを、御子のかたちと同じ姿にあらかじめ定められた」と表現されています。聖く傷がないとは、私たちがその行いと在り方においてイエスのかたちと同じ姿にされることと同義なのです。

この中心にあるのは、私たちは神の口から出たということです。ある聖人はこう言いました。

「あなたは神の息です。そして神は今このとき、あなたを呼吸しているのです」[6]。私たちの奥にある何かが神に触れるのです。これは私たちを創世記2章に連れ戻します。そこでは神は地のちりから人間を造り、いのちの息を吹き込み、それによって人間は生きた存在となりました。創世記1章では「言葉」のイメージを、そして創世記2章では「息」のイメージを見ます。神は息を吹き込むことで私たちを存在に至らせました。ですから、私たちはある意味、神の「息」なのです。私たちを存在に至らしめるために神が息を吹き込んだ「言葉」は、キリストのかたちのうちに私たちが完全になるという神のご意志の現れです。

私たちという「言葉」の受肉

さて、私たちという「言葉」、すなわち神が息を吹き込んで存在に至らせた小文字のwordは、私たちのうちで受肉すべきものです。神が私たちという「言葉」を口にしたのは、私たちが他者と関わりを持つためでした。その「言葉」は、身体的生活や心理的・精神的・感情的生活を含む、私たちの存在全体を通して表現されます。私たちは受肉した神の「言葉」となるために創造されたのです。私たちの在り方のすべてにおいて、また、この世界で他者に対して行うことのすべてにおいて、神が語られた「言葉」が余すことなく表現されることを神は求めておられます。

しかし、私たちという「言葉」、私たちという受肉したこの「言葉」は、日々の生活を通して私たちのうちで絶え間なく形造られていきます。それは良いほう、あるいは悪いほうへ形造られます。受肉した言葉である私たちが「神のことば（the Word）」によって形造られているならば、良い方向です。この世の価値観や構造によって歪《ゆが》められ、品性が劣化させられているならば、悪い方向です。

実のところ、私たちという「言葉」は、不完全で偽りの表現が侵入してきたためにすでに歪曲されています。有害で破壊的な生活のダイナミクスが侵入してきたために、すでにひずんでいます。操作的な人間関係が当たり前になったことにより、すでに劣化させられています。

あなたが本書を読んでいるのは、そのような欠陥のある「言葉」から離れ、キリストのかたちにある完全さ・健全さに向かって歩んでいきたいとの願いがあるからではないでしょうか。この世において、そして他者との関わりにおいて、あなたという「言葉」が、神が発せられたとおりの「言葉」と、もっと明確に一致することを求めているのかもしれません。あなたの「言葉」の歪みやひずみや劣化が清められ、癒やされ、あなたを生み出したときに神が発したとおりの「言葉」になるにはどうしたらいいのかを、学びたいと願っているのかもしれません。

問題は、神が発した私たちという「言葉」が劣化するにあたり、何重もの力関係が働いていることです。私たちの心の奥底にある習性、深く染みついた態度や凝り固まった視点、お決まりになって固着した反応パターンなどは、神の発した「言葉」が劣化したことの現れです。この劣化こそ、パウロがローマ書7章で格闘していたことです。ローマ書7章はクリスチャンになる前のパウロのことなのか、それとも回心後のパウロなのか、学者の間でも大きな論争がありますが、私は自分自身の経験から（また、他者の経験やキリスト教の歴史からも）、これは回心後のパウロに違いないと確信しています。私はパウロが語っていることを経験しますし、あなたもきっとそうでしょう。パウロは「私は、したいと願う善を行わないで、したくない悪を行っています」（ローマ7・19）と言いました。パウロは、完全な者にされるという神の御心に一致しない形で働く力が、自分の中にあると気づいたのです。神が発したパウロという「言葉」は、ねじ曲げられ、歪められ、そして劣化させられていると気づいたのです。イエスを個人的に知るようになった後でも、私たちもこの現実を見出します。それはまた、往々にして私たちを霊的探求に駆り立てます。神がこの世に向かって発したとおりの「言葉」になるはずなら、これまで経験してきた以上に、はるかに多くの完全さと癒やしや清めが自分には必要だと理解し始めるからです。

奥深くまで届いて私たちを変容する生きた神のことば

私たちという「言葉（word）」は、どのようにキリストのかたちに似た完全さ《ホールネス》へと形造られるのでしょうか。それはおもに、神のことば（Word）によって触れていただくことによります。ある深遠な意味で、私たちという「言葉」は神のことばのうちに隠されています。つまり私たちの存在の本質は、神のご性質の本質の中に根ざしているのです。この現実こそ、神のかたちに造られているということが指し示すものです（創世記1・26以下）。私たちという「言葉」が神のことばに共鳴するようになると、自分の中の欠けや歪みが変えられ始めます。人は他者と交流し他者の人生に関わっていくために造られましたが、それらの関係の中で、神のかたちに似せられた「完全さ」とはどういうものか、体験し始めるのです。

この視点を持つことにより、神のことばである聖書のみことばが、あなたにとってこれまでと少し異なる次元のものとなり始めることを願います。あなたの認識の枠組みが、いくらかでも変容し始めますように。

それでは、私たちを形造る「神のことば」とは何でしょうか？　ここで、三位一体のうちの二つの位格を合わせ、イエスと聖霊を神のことばとして語りたいと思います。私たちは何よりもイエスと聖霊を通して、聖書の中に「神のことば」を見ます。神のことばとしてのイエスは、ヨハネの福音書の冒頭で最もはっきりと語られています。「初めにことばがあった。ことばは神とともにあった。ことばは神であった。……ことばは人となって、私たちの間に住まわれた」（ヨハネ1・1、14）。

黙示録19章でも、イエスは神のことばとしてはっきり表現されています。ここでは、イエスは偉大な白い馬に乗っている方として描かれ、「神のことば」とも呼ばれると記されています（19・13）。イエスの口からは鋭い剣が出ています（19・15）。口から鋭い両刃の剣を出すイエスのイメージは、先に黙示録の1章16節と2章12節で導入されます。両刃の剣の情景は、ヘブル書4章12

節を思い起こさせます。そこでは神のことばは両刃の剣よりも鋭いとあります。剣としての神のことばのイメージは、「御霊の剣」としてエペソ書6章17節でも出てきます。これらのイメージを通して、初期のクリスチャンの認識では、イエスと御霊は神のことばという現実の両極と見なされていました。

イエスのうちに存在し、聖霊のうちに活発であったこの神のことばは、少なくとも二つの特質を持ちます。一つは、それがすべてのものの文脈であることです。それはヨハネの福音書の冒頭で伝えられています。神のことばこそ源であり、形造る力であり、すべての存在するものを支えるのです。このことばによらずに造られたものは何もありません（ヨハネ1・3）。すべてのものはこのことばを通して存在するようになり、このことばによって支えられ、このことばのうちにいのちを持ちます。つまり、神が口にしたことにより存在するようになった私たちという「言葉」もまた、この神のことばという文脈の中で発せられたのです。

もう一つは、「ことば」が人となったことです。このことばは、人間の存在に関わることばです。何らかの静的な概念ではありません。新約聖書の時代に広く浸透していたストア哲学には、ロゴス（「言葉」）という概念がありました。それは、すべてのものをひとつにまとめ、それが向かう道筋を導き、形造り、編成し、構成する宇宙の原則としての概念です。ストア哲学のロゴスは、とても非人間的で、人と関わりを持つことのない種類の言葉でした。

一方、私たちがここで考察している「ことば」は、人間の存在に積極的に関わることばです。

ここに、私たちが理解すべき受肉のとても重要な特質があります。それは、単に神が人間になったのでなく（それも忘れてはなりませんが）、神のことばは親密に、活発に、人生の真ん中で私たちと関わってくださるということです。そのことばは、神が所有する者たちのところに何度も来てくださいます。そのことばを拒み続ける者もいますが、受け取る者たちには、神は今もなお、神の子どもとなる力を与えてくださいます。神がこの世に発してくださる子どもたちです。

この意味での「ことば」は、ヘブル人への手紙4章12、13節が最もうまく表現しているように思われます。「神のことばは生きていて生産する力がある〔著者訳からの邦訳〕」。つまり、私たちの人生において神の目的を実現することを求める、活発で創造的な存在だということです。それから、今見たように、記者は「ことば」を表現するのに両刃の剣というイメージを用います。「両刃の剣よりも鋭く、たましいと霊、関節と骨髄を分けるまでに刺し貫き」。「関節と骨髄」とは適切な翻訳ですが、それらのギリシア語の根底にまでは届いていません。関節と骨髄とは、それらの単語の二次的な意味です。「関節」に相当する単語の本質的な意味は、物事を結びつけることです。つまり、何かの各部分を適切な関係の中でつなぐ、結合の力を意味します。「骨髄」に相当する単語の本質的な意味は、何かの中心・中核にあるということです。

とすると、ヘブル書の記者が言おうとしていることは、神のことばは私たちという存在のまさに中心にまで到達し、私たちを一つの存在として結びつけているものの中核にまで切り込むということです。そして、私たちという存在のその本質を形造るものに触れるのです。ヘブル書の記者はさらに続けます。「心の思いやはかりごとを見分けることができます」。この、生産力のある生けることば――神の本質そのもの――は、私たちの存在の中核において私たちに出会い、私たちの在り方と行いの最も深い部分にあるものを識別するのです。

ヘブル書の記者は、このあと興味深いフレーズを続けます。「神の御前にあらわでない被造物はありません」。ここで私たちが扱っているのは、人間生活にあってもなくてもいいような力ではありません。神のことばとは、すべての人間生活に深く関わる、生き生きとした存在なのです。繰り返しますが、あなたがこの本を読んでいるのは、生きていて生産力のある神のことばが、あなたの人生にあってもなくてもいい存在ではないと気づき始めたからではないでしょうか。神の臨在が、何らかの方法であなたの人生に深く沁みとおってきていることに気づき始めたのでしょう。霊的旅路の中で、神の言葉としての自分の完全さは、自分が神のことばにどう応答するかにかかっていると気づいたのでしょう。そしてより深く、よりはっきりと応答することを求めているのでしょう。

そしてヘブル書の記者は、さらに興味深いフレーズを用いてこのように続けます。「神の目にはすべてが裸であり、さらけ出されています」。ここでもギリシア語の本来の意味は、はるかに動的なイメージを伝えています。「さらけ出されている」という語句は、古代ローマの剣闘士のアリーナでの闘いと、いけにえをささげる祭壇の両方から来ています。祭壇に関連しては、それは頭を後ろに引っぱられ、喉をナイフで切り裂かれるために首をさらしている姿勢を表します。剣闘士の闘いに関連しては、打ち負かされた剣闘士が、勝利した剣闘士の膝の上に横たわり、とどめを刺されるために剣の前に喉をさらしている姿勢を表します。

ヘブル書の記者は、神のことばの前における私たちの姿勢はそのようなものだと言っているのです。これ以上はないというほどに、無抵抗で弱みをさらしている姿です。剣闘士やいけにえの動物のように、自分が裸で横たわっている姿を思い浮かべてみてください。まったく抵抗の余地のないほど弱さをさらすということがどれほどのものか、いくらかは想像できるでしょう。これが、生きていて生産力があり、私たちの奥深くにまで届く神のことばの前での、私たちの真の自己の在り方です。偽りの自己は、そのように弱さをさらすことを全力で回避しようとします。

ヘブル書の記者は、神のことばについて最も深遠な証言でこの箇所を閉じます。この箇所のテクストによると、私たちは「私たちのための〝ことば〟である方の目の前に［著者訳からの邦訳］」完全に弱さをさらしているのです。神のことばが私たちに出会う際のイメージは、痛みを伴って突き通されるというものです。生活のまさに中心に切り込み、存在の奥深いレベルで私たちの思いを判別します（つまり私たちの邪魔をする?）。生ける神のことばの両刃の剣の前に、まったく無防備にさらされるというイメージです。なんと恐ろしく痛々しいイメージでしょうか。にもかかわらず、著者は神のことばは私たちのためだと肯定しているのです！　それは、私たちを完全な言葉にするためです。造り変えるためです。破壊するためではなく、変容するためです。私たちの存在の中で、完全さを求める神のみこころに一致しない部分だけが阻害され、置き換えられ、壊されます。それらのものは当然、消え去るべきです。腕のいい外科医の手に自分の体を委ねるとき、私たちはその医師を信頼します。病巣にメスを入れ、身体の健康を妨げる部位をきれいに取り除いてくれると知っているからです。神のことばは、神の愛の御手の中にあって、生きた、生産力のあるメスです。それは、ねじ曲げられ、歪められ、劣化させられた言葉を清め、癒やし、この世でのあるべき姿として語られた神の言葉へと私たちを変容するために、私たちの存在の中核まで刺し貫くのです。

割り込んでくる神のことば

「神のことば」は神と私たちの仲介者です。このことばは、神に対しては「私たちの味方」であり、私たちに対しては「神の味方」です。この二重の目的は、神のことばは生活のただ中に割り込んでくるという、その貫入的性質によります。

私が定義する「神のことば」とは次のようなものです。「神のことばとは、人間の生活のただ中における神の臨在、目的、また神の力がもたらす働きである」。この定義は、かなり大まかです。この大まかな定義の中に、さらにいくつもの細目があります。イスラエルの歴史における神の臨在と力と目的に関する旧約聖書の叙述。イエスのいのちと死と復活と昇天のうちに最も完全に、余すところなく現された神の目的。初代教会とさまざまな個人の人生のうちに聖霊によって現された神の臨在と力と目的に関する新約聖書の叙述。そして聖書の時代以降の教会における神の臨在と力と目的。私たちは「神のことば」と言えばもっぱら「みことば（聖書のことば）」を思い浮かべます。そして人が最もはっきり神の臨在と力と目的の働きに出会うのは、紛れもなくみことばの中です。しかしみことばは、「神のことば」の働きが凝縮されたものであって、それは人間の生活と活動のすべてを通して拡散されるのです。

ここで私がしようとしているのは、皆さんがみことばを見るときの文脈を深めるお手伝いです。それはおそらく、新しい認識の枠組みによってみことばにアプローチする助けとなるでしょう。たとえば「霊的読書」を例に取ってみましょう。霊的読書というと、私たちは真っ先に聖書を読むことを思い浮かべます。確かにそれは間違いではありません。しかし、キリスト教文学にいくらかでも馴染みがあるなら、キリスト教霊性の偉大なる父や母たちが書いたものも、霊的読書の対象となるとわかるでしょう。詩、小説、戯曲もまた霊的読書の対象になり得ます。これら人間による表現方法は、どれも神の臨在、目的、力がもたらす行為が私たちの生活に浸透するための経路となり得ます。それは、霊的読書とはテキストの中身よりも、テクストにどうアプローチするかという問題だからです。たとえ聖書であっても、神と出会うことに心を開かずにアプローチするなら、それは死んだ、いのちのない読書になるでしょう。一方で世俗の文学であっても、神との出会いへの飢え渇きを持って思いを巡らしつつ読むなら、神の臨在と力と目的へと招き入れられるでしょう。

「神のことば」としての聖書のことば

次に、神のことばとしての聖書のことば（みことば）に焦点を合わせましょう。まず、これまで考察してきたことをまとめます。第一に、みことばは、神のことばが人類の歴史に侵入してきたことの最良の記録です。神のことばが人間の生活の中に押し入ってきたという、重要な出来事（あるいはその一連の出来事）の記録です。人間が、自分たちの状況のただ中で神の臨在、目的、力に出会ったときの光景を描いたものです。そのようなものとして、みことば（聖書）は、神のことばがいかに人間の生活と状況に浸透してくるのかについて洞察を与えます。また、人間の真実な姿を明確にし、あらわにします。そして、欠けのある言葉となってしまった人間を、神がこの世に向けて発した言葉へと変容します。

第二に、みことばは生きた力ある神のことばの侵入の記録であるだけでなく、傷や欠けのある人間の不完全さ（ブロークンネス）と、それが癒やされ聖められた完全さ（ホールネス）とが、それぞれどういう状態を指すのかを知るための基盤または文脈としての啓示でもあります。そのような啓示として、聖書は神のことばが少なくとも次の三つを行うものだと表現しています。（1）神のことばは侵入してきて、不完全さの中にいる人間に語りかけます。これは良い知らせの根底にあるものです。神のことばから語りかけを受ける前に、すでに何らかの完全さのレベルに到達している必要はありません。（2）神のことばは、私たちが不完全なまさにその部分において、私たちを完全さへと招きます。語りかけを受けるだけでなく、同時に招かれてもいるのです。黙示録3章19節でイエスは言われます。「わたしは愛する者を、戒め、養育する〔著者訳からの邦訳〕」。ここで、神が人間の不完全さに出会うことと、それを完全さに向けて育むという神の招きが結びつきます。みことばは、私たちの不完全さに向かって語りかけ、完全さへと招く神のことばの啓示なのです。（3）みことばは、変容をもたらす媒介である神のことばの啓示です。

テモテへの手紙第二3章16－17節は、これらのダイナミクスを明確にする助けになるでしょう。パウロはとても解りにくい言い回しから始めます。いくつかの異なる翻訳ではこのようになっています。「すべてのみことばは神によって霊感を与えられた」（NRSV）、「神によって霊感を与えられたすべてのみことば[7]」、「すべての霊感を与えられたみことば」（NEB）、「神が息を吹き込んだ」（NIV）など、ほかにもたくさんの言い方があります。

私たちが聖書に取り組むとき、特にパウロの手紙を読むとき、しばしば見過ごしがちなことがあります。それは、何重もの意味を伝えるために彼は語呂合わせを好んで用いていることです。複数の次元で意味が共鳴する語句を、好んで用いるのです。

第二テモテ3章16節の出だしでも、パウロは語呂合わせを使っているのではないでしょうか。ここに、みことばの動的な霊感が含まれているのではないかと私は考えます。みことばを書き記すにあたって神の霊感の働きがあるだけでなく、私たちがそのみことばを読む際にも神の霊感の働きがあります。記者たちは神のことばに出会い、それについて書き記しました。その神のことばが、私たちにも語りかけるのです。

ウェスレーはみことばのこの側面に対して敏感だったので、初期のメソジストたちに向けてこう指導しました。「神からのことばをいただこうとするなら、その前に、真剣かつ熱心な祈りが継続的になされていなければならない。『みことばは、それをお与えになったのと同じ御霊を通してのみ理解され得る』と理解せよ[8]」。霊感は、神の側と私たちの側の両方で働きます。私たちの側が神に対してオープンであるとき、みことばの創造的霊感は、私たちの人生で神の生産的霊感となります。私たちはみことばの霊感に本来的に含まれる一部となるのです。

今日、霊感についての理解は両極端に陥りがちです。より保守的なクリスチャンは、霊感を受けたのは聖書が書かれた時だと考えます。それほど保守的ではないクリスチャンは、霊感とは個々の読者に起こる何かだと考えます。彼らは、人は聖書から霊感を受けられるし、同じようにヒンズー教の聖典やコーランなどによっても霊感を受けられる、と主張します。しかしキリスト教においては、これらの霊感のダイナミクスの両面は、独特な形で結びつくのです。聖書記者に与えられた神の霊感と、読者に与えられる神の霊感は、両方合わせて一つのものです。どちらか片方を失うなら、たましいの奥まで浸透して私たちを変容する力を持つ、生ける神のことばの大部分が、みことばを聴く私たちの元へと届かなくなってしまいます。そうなると、聖書をやみくもに崇拝するか、外野席から批評し、自分に「霊感」を与えると思われる部分だけをつまみ食いするかになってしまうでしょう。どちらの極端も致命的で、霊的健全さが失われます。霊感が持つ両方の働きをつなげることが、とても重要なのです。

パウロが第二テモテ3章16節で「聖書はすべて神の霊感による」〔訳注：英語では「神に息を吹き込まれたすべてのみことば」〕という言い方をしたとき、彼はまさにこの両方を結びつけていました。彼の語呂合わせは、「神に息を吹き込まれる」ことの可能性、すなわち聖書のことばを存在させるに至った神の息と、それを読むときにあなたに吹き込まれる神の息の両方を表しています。私たちの人生で働いている神の霊は、私たちを聖書テクストとの親しい交わりへと導き入れます。そうやって、神のことばは、神がこの世に送り込んだ私たちという言葉を形造り始めます。みことばをこのように見ることを受け入れるなら、神のことば（つまり聖書）から私たちが語りかけを受けることも、可能になります。

みことばがこの動的な二重の様式《モード》において霊感を受けたものとなるとき、すなわち生きていて力があり私たちの奥底にまで浸透する神のことばとの真の出会いとなるとき、次の四つのことが起こるとパウロは言います。

第一に、生きた神のことばとの出会いは、教えのために有益です。パウロとほかの新約聖書記者たちは、単数形の「教え」(teaching) と複数形の「教え」(teachings) を明確に区別しています。複数形の「教え」は、新約聖書ではいつでも人間あるいは悪霊たちの活動について用いられます。[9] 単数形の「教え」は、いつでも神がなさったことと、神がイエス・キリストを通してなさっておられる良い知らせの宣言に関連して用いられます。このように、生ける神のことばとの出会いとは、キリストにある新しいいのちの現実が私たちの生活に侵入してくることです。私たちが根本的に新しい存在となっていく可能性が開かれていくのです。

第二に、「神の霊感による（神によって息を吹き込まれた）」みことばは、戒めのために有益です。ここでは、生ける神のことばとの出会いが私たちの存在の中心の奥深くまで浸透し、思考や心の意図を見分け、私たちが壊れているまさにその部分に語りかけてくれるのを見ます。みことばは、堕落した言葉となってしまった私たちのその部分を浮き彫りにするのです。現在の自分の在り方と、神が語っておられる言葉としての自分の在り方の違いが分かり始めます。

第三に、神の霊感によるみことばは、矯正のために有益です。ただこの「矯正」という言葉は、ギリシア語の原語の意味を十分に表現しきれていません。このギリシア語には、何かを真っ直ぐにする、一直線に揃える、欠けのない完全なものにする、という意味があります。ここで、神のことばがどのように「私たちのため」なのかがわかってきます。生ける神のことばは、私たちにまったく新しい在り方の可能性を示すだけでなく、自分の中にある、その在り方にそぐわない部分に光を当ててくれます。そして私たちが神に従う機会を与えてくれます。それは、キリストにある新しい在り方がもたらす完全さへと私たちを導く経路となります。

第四に、神の霊感によるみことばは、義の訓練のために有益です。この「訓練」と訳されたギリシア語（*paideia*）は、教育学を意味する英語「pedagogy」の語源でもあり、とても豊かな意味合いを持っています。*Paideia*は新約聖書の背景世界のヘレニズム文化においては、幼児が養育され、教育され、訓練され、しつけられ、導かれ、指示を受ける、複雑なプロセスを指しました。このように、子どもは幼児期から、「ポリス」（ギリシア語の「都市」を意味し、人間の存在に価値と意味と目的を与える社会、経済、政治、宗教、文化全体の基盤）の、一人前の成熟した構成員に加えられるべく育て上げられるのでした。パウロやほかの新約聖書記者は、神の民の人生における神の働きについて語るのに、この言葉を借用したのです。生ける神のことばとは、私たちの不完全さに語りかけ、傷や欠けのない完全さへと招く変容の媒介であることを先に見ました。パウロはここで、養育者としての神のことばの働きについて語っています。神のことばは、私たちのいのちを絶えることなく日々養育してくれます。そうやって私たちの内なる在り方は、神のことばによって日増しに形造られていくのです。

　パウロは、私たちの生活における生きていて力ある神のことばの役割を、この「形造る」という目的について語ることで締めくくっています。「神の人がすべての良い働きにふさわしく、十分に整えられた者となるためです」（Ⅱテモテ３・17　傍点著者）。ここで用いられているギリシア語、*artios*は美しい単語です。何かがその性質にぴったりと合っていることを意味します。あなたの目に完璧だと思えるリンゴを果物カゴの中に見つけたら、あなたはそれを*artios*と呼ぶでしょう。リンゴはまさにこうあるべきというリンゴです。リンゴをリンゴたらしめる、その本質を持つリンゴです。それが、神のことばによって私たちが形造られることのゴールとしてパウロが用いている単語なのです。神が私たちという言葉を発したとき、神の願いは私たちがキリストのかたちに似せられることでした。生ける神のことばが私たちを形造ることの目的は、まさにそのような姿に私たちを養い育てることです。

しかし、神のことばによって形造られることのゴールは、私たちの性質が神のかたちに完璧に合致したものになるだけではありません。「すべての良い働きのために整えられる」(Ⅱテモテ3・17)ためでもあるとパウロは語ります。神のことばが、私たちという言葉を内側において形造るとき、この世における私たちの生活もまた、同じことばによって形造られることになると彼は言うのです。私たちという言葉は、他者の人生の中でこうあるようにと神が語られたとおりの言葉になります。神がこの世に向けて発する言葉として、私たちはますます神のものとなるのです。

ここまで、神のさまざまな「言葉」について考察してきました。まず、私たち一人ひとりは神がこの世の中に送り出すために発してくださった「言葉」であると理解しました。それは私たちの認識の枠組みを広げる助けとなりました。神は、特に他者の人生において私たちが神の人となるために、私たちという言葉を紡いでおられるのです。また、神が発せられた言葉である私たちが形造られる上で、神のことばがどのような役割を持つのか、その概略を見ました。そうして、神のことばとしてのみことばの理解も広げるよう試みました。

皆さんが神に心を開きつつこの章を読んでくださったことを願います。どのように感じましたか？　ここで提示された考えに、どのように反応しましたか？　なぜそのように反応したのでしょうか？　あなたの反応は、あなた自身について何かを明らかにしていますか？　あなたの認識の枠組みはいくらかでも変化しましたか？　どのように？　なぜ？　神との関係において自分をどのような者だと認識していますか？　神のことばとしてのみことばをどのように理解していますか？

しばらくこれらの問いに思いを巡らせると良いかもしれません。その後、認識の枠組みを再構築する次の段階へと進みましょう。次の段階は、「情報《インフォメーション》」対「形成《フォーメーション》」です。

第五章
情報《インフォメーション》 対 形成《フォーメーション》

この章に入るにあたり、あなたの人生における神の豊かな目的を求めつつ、祈りをもって神に自分自身を開くところから始めてみましょう。よろしければ、私と共に次の祈りをお祈りください。

神様、この章を読みながら私たちが共に過ごすこの時間が、あなたのご臨在、目的、力という、より深い場の中に置かれていることを感謝します。あなたが私たちになさりたいと願っておられることのすべてに、オープンでありたいと願います。私たちの存在の深い次元において、私たちの心を開いてください。そうして、あなたの恵みが私たちのいのちに触れていることに気づけますように。あなたがなさりたいと思っていることが何であれ、それに対して敏感に応答し、また受け取ることができますように。アーメン。

ここまで、第一の点として、私たち人間は神がこの世に向かって発した言葉であり、私たちという言葉は神のことばによって形造られることを考察してきました。それにより、霊的形成のプロセスにおけるみことばへの取り組みに、新しい視点が必要であることが明確になってきたのではないでしょうか。

認識の枠組みからの解放について皆さんにお分かちしたい第二の点は、情報を得るための読み方と霊的に形成されるための読み方という、みことばに対する二つの対照的なアプローチについてです。

情報と機能主体の文化

『父たちに尋ねる』という本の「聖なる読書」という章で、エイルレッド・スクワイアは聖ティエリーのウィリアムを引用しています。

みことばは、それが書かれたときと同じ霊にあって読む必要がある。その霊にあってのみ、みことばは理解されるべきである。パウロの文書を読むときも、細心の注意を払い、継続的に思い巡らし、彼の霊を吸い込むまでは、パウロを理解することはできない。詩篇がどういうものなのか、実際に経験によって知るまでは、決してダビデを理解することはできない。それ以外の部分も同じである。聖書のどの部分においても、丁寧に注意深く読むことは、ただ読むこととは大違いだ。友情が娯楽ではなく、友の愛が単なる挨拶とは異なるのと同じである。

スクワイヤは続いてこう述べます。

真剣に受け止めるなら、これは現代の読書習慣の多く（学習として通用する読み方の多くでさえも）を、どれほど痛烈に批判するものだろうか。現代の読書習慣の多くは、読書法だの何だののテクニックにばかり気を取られ、肝心の中身にはほとんど無関心だ。この時代に従来の意味での「聖なる読書」をしようと思うなら、意識的にそうすると選ぶこと、そして習慣的に注意を払うこと以外に、私たちの意識の喪失を癒やしてくれるものはないだろう。今や私たちの見るもの聞くものの多くは、この意識の喪失を促進するようなものばかりである。聖ティエリーのウィリアムが続けて指摘しているように、大切なのは、何を読むかという以上に、どのように読むか、である。つまり、ここで問題なのは、心の態度なのだ。

これはまさに、情報を得るために読むことと、形成されるために読むことの間にある違いです。人間の文化は、その在り方においても行いにおいても、情報志向によって日々形造られています。情報を得ようとすることは、私が「人間文化の〝機能性〟を求める傾向」と呼ぶものにとって不可欠な要素です。新しい事実、新しい知識体系、新しい技術、新しい方法、新しいシステム、新しいプログラムなど、私たちの文化は、自分たちの世界を機能的にコントロールできるよう、より多くの情報を集めようとします。インターネットで得られる情報が、いかに加速度的に増大し続けているかを見れば、人間文化の情報収集に対する情熱がよくわかるでしょう。この世を自分の願う方向に変えるために、もっぱら自分たちの機能性を向上させることを目指します。自分たちの在り方の質を変えるために努力するのでなく、知識、情報、技術、方法、システムなどを得ようとします。最良の情報を最も多く持つ人（または団体）が、自分が存在する領域を支配する立場を得るのです。このように、人間文化における情報志向は、機能志向と対《つい》をなします。

これらの情報的・機能的ダイナミクスは、人間文化の基礎構造全体にあまりにも深く浸透しているため、それらが私たちを縛り、目を見えなくさせ、本を開くといつでもその認識の枠組が自動的に起動されます。読書をするときは、第一に情報を得るようにと私たちは訓練されてきたのです。

情報中心の読み方とはどういうものか

情報中心の読み方には次のようないくつかの特徴があります。第一に、できるだけ早く、できるだけ多くの分量を読もうとします。小麦からもみがらを取り除くように、自分が必要なデータを素早く抽出するためです。技術の機能性を追求する中で情報化がますます進むのと時を同じくして、数々の速読テクニックが生み出されてきたのは、興味深いことではないでしょうか。日ごとに強力になっていくインターネットの検索エンジンは、どんなトピックに関しても、瞬時にしてあり余るほどの情報を集めることを可能にします。情報中心の読み方が持つこの特徴の有害な側面の一つとして、短期間で聖書全体を読むことを目指すプログラムを見ることができます。

第二に、情報中心の読み方は直線的です。最初の内容から二番目、三番目、そして最後へと進みます。「読む」とは、いくつかの部分を通り過ぎていくプロセスとさほど変わらないと思っているのです。

このやり方で聖書解釈をしたら、どうなるでしょう。一つ例を挙げてみます。黙示録を解釈する人の多くは、17章から22章に記されている出来事を、一つの深遠な幻の三つの様相として見るべきものだと気づきません。ほとんどの注解者は、17章1節から19章10節の大淫婦と獣（倒れた大バビロン）の幻の箇所を、19章11節から21章8節のキリストにある神の大いなる審判の幻に先立つものと仮定します。そしてその箇所を、21章9節から22章9節の子羊の花嫁（新しいエルサレム）の幻に先立つものと考えます。しかし二人の女性の幻の導入部（17・1－3、21・9－10）と結末部（19・9－10、22・6－7）は、これらの幻が、審判の幻によって何らかの形でつながる並行箇所として理解されるべきであることを明らかにします。御使いの足もとにひれ伏してはならないと命じられた（19・10）あとで、ヨハネが再びひれ伏して御使いを拝む箇所（22・8）が、黙示録のこの最後の複雑な幻を理解するヒントとなります。ヨハネがその御使いを繰り返し拝んだのは、実は繰り返しではなく、同じ一つの出来事だったのです！ヨハネの幻はイエス・キリストにおける神のさばきの深遠な結果を全体的・包括的に啓示したものです。キリストにある神のさばきによって、大淫婦バビロン、すなわち神に反抗する体制全体が廃棄されます。そして新しいエルサレム、すなわちキリストにある新しい体制が築き上げられ、それが永遠に続くのです。黙示録にはさらに多くのことがありますが、直線的な読み方が一つの箇所のより深い次元をいかに頻繁に見失わせるものであるか、この例が十分に示しているでしょう。

第三に、情報中心の読み方は、自分がテクストの主人となることを求めます。それを把握し、理解しようとします。テクストを私たちの支配のもとに置くのです。それから自分たちの支配（解釈）を正当化することを求め、他の支配（様々な解釈）から自分の支配を守ろうとします。そうやって、自分たちのアジェンダを世界に押し付けるためにその情報を用いるのです。

第四に、情報中心の読み方では、テクストとは自分の「外側」にある対象物で、自分の目的や意図や願望にしたがって、私たちがコントロールしたり操作したりするものです。自分に影響が及ばないように、テクストから距離を置くのです。これが私たちの学習過程や認識の枠組み全体に浸透している情報中心モードの根底にあるものです。つまり、私たちが主体で、ほかのものはすべて私たちが好きなようにコントロールする対象物だという、疑いの余地もない前提です。

第五に、情報中心の読み方は、分析的、批評的、そして批判的です。これは、読書の対象から距離を置き、自分自身の認識や願望、願い、必要というフィルターにかけて読むことの当然の帰結です。私たちが読むものはすべて、私たちの「偽りの自己」（この世を自分自身のかたちに形造ることを求める、自己再帰的な構造）を強化することを基準に判断されます。ここに、第二章で言及した認知的、合理的、知性的なアプローチが適用されているのを見ます。どうか誤解しないでください。私は、情報中心の読み方自体が間違っていると言っているのではありません。すぐに見ていくように、情報中心の読み方にも意味はあります。ただそれは、文化的認識によって私たちが思い込んでいるほどには重要でないのです。

第六に、情報中心の読み方には問題解決志向という特徴があります。これは機能性重視の在り方をますます強めることになります。私たちはもっぱら、自分に役立つものを見つけるために何かを読みます。動きが悪くなった機器の取扱説明書を読むように、霊的生活においても、「適切に作動」していない部分を修繕するために、何らかの霊的取扱説明書を読もうとするのです。

何かを読むときには情報収集を目的とする、という傾向が私たちには深く染み付いてしまっています。このような読み方は、実際のところ無意識のうちになされます。本書でそう言われるまで、あなたはそのように考えたことがなかったかもしれません。本書のことも、今までどおりの情報収集を目的としたやり方で、さっと流し読みしているかもしれません。テクストの主人となって、自分の支配下に置き、それが自分の目的にかなっているかどうかを分析し、自分の霊的生活で欲していることを行うのに「使える」かどうかを判断するため、できるだけ早く読み進めようとしているかもしれません。もしそうであるなら、神が語るための場所と、その静けさは、いったいどこにあるでしょうか？　情報中心の読み方は偽りの自己を擁護します。偽りの自己とはすなわち、神がこの世に向けて送り出した私たちという言葉を歪めてしまう、古い認識の枠組の動力によって支配される自己のことです。

情報中心で聖書を読むこと

私たちを変容させる神との出会いに心を開いてみことばを読もうと思うなら、みことばについての先入観を脇に置く必要があります。私たちは皆、聖書について宗教的あるいは文化的な何らかの考えを身につけてきました。それは、私たちをある種の先入観の中に閉じ込めます。みことばを私たちの支配下に置き、偽りの自己（つまり、私たちという歪んだ「言葉」）を脅かすことのない「安全」なものにしておこうとする先入観です。私たちを閉じ込めるそのような作用は、その本質が何であろうと、情報中心モードです。私たちはその閉じ込められた場所から、自分の現状を正当化するために、あるいは自らの偽りの自己にとって不愉快なものを説明して片付けるために、聖書を読もうとします。

これは情報モードの根底にある分析的・問題解決的力です。テクストは支配され、調査されるべき対象物と見なされます。その場合、テクストは「外側」にある何かで、私たちが支配するものです。そして私たちの支配の基盤となるのは、私たちがテクストを読むときに用いる先入観なのです。それが宗教的先入観であろうと文化的先入観であろうと、いずれにしても、テクストは私たちの操作の対象です。

偽りの自己は、それが「宗教的」なものになると悲惨です。宗教的な偽りの自己のおもな特徴の一つに、私たちを変容するような神との出会いを避けるために、意識的に、あるいは無意識のうちに（後者の場合のほうが多いのですが）みことばを操作することがあります。宗教的な偽りの自己は、神主導ではなく、自分が出す条件のもとで神と関係を持とうとするのです。これから見るように、情報中心のアプローチは、みことばの操作に拍車をかけます。多くの場合、私たちは、自分が変容されるような神との出会いなど欲していません。この世での自らの生き方を考え直すよう、求められたくありません。むしろ、自己保身的なキリスト教信仰の理解を深めるような情報を求めるのです。

みことばに対する根本的に情報中心のアプローチは、どうすれば修正できるでしょうか。それは、みことばを読むとき、真剣に神と個人的な関わりを持ちつつもりでいることです。そのような関わりは、宗教的または神学的概念に、知的に同意するという以上のものです。偽りの自己を、自分を変容するような神との出会いの前に差し出すとは、危険なことなのです。

情報中心の読み方では、抽象的な概念に知的に同意するでしょう。しかし、自分が読むものに対して、個人的に、親密に、オープンに、感受性を持って関わることをしません。そのような関わり方は私たちにとって危険すぎるのです。恐ろしすぎるのです。みことばを、自らの歪んだ「言葉」（つまり、偽りの自己）の中心にまで浸透する、生きていて力ある神のことばとして見なすことは、容易ではありません。むしろ、偽りの自己の支配のもとに置いておくほうが、はるかに簡単です。自分が定義するクリスチャン生活だけにみことばを当てはめ、あらゆる問題提起（神からのものも含む）から偽りの自己を守るために用いるほうが、ずっと簡単なのです。これは、みことばを私たちの研究と支配の対象にする、情報中心のアプローチがもたらすもう一つの有害な結果です。

形成されるための読み方とはどういうものか

では、それに代わる読み方を見てみましょう。情報中心の読み方について私がここまで語ってきたことから、形成されるための読み方とは、私たちが普段慣れ親しんでいる読み方や学び方とは根本的に違うアプローチだろうと予想がつくでしょう。情報中心の読み方とは対照的な、形成的な読み方の特徴をいくつか見ていきます。

第一に、形造られることを求める読み方では、なるべく多くの情報をなるべく短時間で得ることを目的としません。形成のための読み方では、読む量をいかなる形でも数量化することを避けます。大切なのは量ではなく質です。一つの文章、あるいは一つの段落、あるいは一ページ（おそらく、それ以上ということはないでしょう）に、ずっと引き止められるかのように感じるかもしれません。その日の通読箇所を読み切ることに気を取られません。聖書を読み切るのに一年、二年、あるいは五年かかったとしても、だからなんだというのでしょう。読み切ればいいというものではないのです。大切なのは、読んでいるテクストの中で神と出会うことです。

今、あなたの中で何か納得のいかない思いがあるかもしれません。「それは読むことにならない！本を手にしたら、最後まで読むのは当然だ」と思っているかもしれません。本を読みながら、今読んでいる章はあと何ページ残っているだろうと思ってページを繰ったことはありますか？　それは情報中心の読み方の症状かもしれません。読みながら立ち止まり、少し前に戻って思いを巡らしたり、一段落、あるいは一章前に戻り、「あれ、何かを見逃したかもしれない。ここにはもっと深い次元での意味がありそうだ。少しスピードを落として、黙想してみよう」と思ったことはありますか？　それは、形成されるための読み方をしているのかもしれません。

第二に、情報中心の読み方は直線的で、テクストの表面を撫でるように急いで進みますが、形成的な読み方は深さを求めます。読んだ箇所のより深い次元、何重もの意味に、自分の目が開かれることを求めます。同時に、自分の在り方のより深い次元で、テクストに自分を探ってもらうことを求めます。自分という歪んだ「言葉」の奥深くにあるものを開示して、偽りの自己の基礎を揺すぶるのです。急いで次の文章、段落、章に進もうとするのでなく、より深く、深く、深く、テクストの中へと入っていきます。テクストがあなたの人生の中に割って入ってくる神のことばとなり始め、あなたに語りかけ、あなたの存在のより深い次元であなたと出会うよう求めるのです。テクストを読むにあたり、このようにゆっくり時間を取らないのであれば、神のことばがあなたと出会うことはできません。神のことばがあなたを形造ることはできません。

人間関係に当てはめて考えてみましょう。誰かが近づいてくるのを見て、あなたはその人に向かって歩き始めます。近寄って握手をするものの、その間ずっと喋り続けるとしたらどうでしょうか。相手はあなたに話しかけることができるでしょうか。私たちが何かを読むとき、まさにこのようなことが起こりがちなのです。本を開くと、私たちの頭はただちにそのテクストに要求を送り始めます。自分がテクストに何と語ってほしいのかを、テクストに向かって語り続けます。そしてそれが終わると、「これは良い本だった」とか、「これはたいした本ではなかった」と言うのです。実際は、その本が私たちに語りかける機会はほとんどなかったのですが。

第三に、情報中心の読み方がテクストを支配しようとしたのとは逆に、テクストにあなたを支配してもらうことです。聖書を読むとき、耳を傾け、受け取り、応答し、神のことばの主人ではなくしもべになるつもりで、心を開いてテクストに向かいます。そのように心を開くとは、自分の目的のためにテクストを支配したいという習慣的な誘惑と、偽りの自己を捨て去ることを意味します。

第四に、テクストは自分の洞察や目的に合わせて支配し操作する対象ではなく、読書における関係の主体となります。私たちがテクストによって形造られるべき対象なのです。聖書を読むときには自ら喜んでテクストの前に立ち、語りかけられるのを待ち、神のことばが私たちという「言葉」の上に支配を行使するのに備えます。形成的な読み方が定量化できないのは、ひとつにはこのためです。テクストの前で待つことが必要なのです。テクストが語ることを聞くために、十分に時間を取って待たなければなりません。

これに関連して、個人的な体験をお分かちさせてください。聖書を用いた霊的読書をするのに、私は聖書日課《レクショナリー》*をずっと使っています。あるとき、出エジプト記の神とファラオの戦いがいくつもの災害によって描かれている箇所を読んでいました。この箇所は、これまでに数え切れないほど読んでいます。詳しい学びをしたことも何度かあります。ただ残念なことに、私はずっと情報中心の読み方をしていたようでした。

しかし、聖書を用いた霊的読書の時間では、聖書日課で決められた箇所を日々読むことにしています。その日の聖書箇所の前に座り、こう祈るのです。「神様、あなたはこの箇所を通して何を私に語ろうとしておられるのでしょうか。あなたのことばが私に語ろうとしているのは何でしょうか?」私の頭にさまざまな考えが駆け巡ります。モーセが言ったこと、ファラオがしたこと、ファラオの抵抗、神がファラオの心をかたくなにされたこと……。これらはどれも、もう何度も考えてきたことです。この物語については隅々まで知り尽くしています。ですから、私にはもはや、この箇所から新しく得られるものはまったくないように思えました。「神からのことば」など、何もないように思えました。

しかし、聖書日課の重要な（そして心地よくない）点のひとつは、それを霊的修練として用いるのであれば、その日の箇所を飛ばせないということです。「いい部分」に到達するまで、あるいは自分の興味を引く箇所、語りかけを感じる箇所まで先に進んで読む、ということはできないのです。その日の箇所に留まらなければなりません。実は、私は出エジプト記のこの箇所と、もう一週間以上格闘していました。聖書日課にしたがって、毎日、その日の災害について読んでいました。まるで「本日の災害」でした。毎日、私は立ち止まり、「神様、あなたはこの箇所から私に何を語ろうとしておられるのでしょうか」と祈りました。毎日、そこには沈黙しかありませんでした。いいえ、むしろ、私自身のこの箇所に関する理解という雑音しか聞こえないのでした。

ある朝、聖書日課が最後の災害の部分に来たとき、私は毎日祈っていたのと同じことを祈りました。「神様、あなたはこの箇所から私に何を語ろうとしておられるのでしょうか」。このとき、答えがやってきました。

「あなたはファラオだ！」

「なんですって？」私は答えました。「私がファラオですか？　モーセだったらそうかもしれません。あるいはせめてヘブル人の一人とか。でも、ファラオですか？　家臣の一人とか、奴隷の一人とか、呪術師の一人ならまだわかりますが、ファラオですか？」

「あなたはファラオだ！」

そのとき、そのことばをもって物事が広がり始めました。テクストの中で、そして私の中で。

私は神が発せられた言葉であり、神は私という「言葉」に向かってある性質を語られたのだとわかってきました。神は私に、ある賜物と能力と性質、そして性格をお与えになりました。神はまた、私の人生の様々な体験の中に紛れもなく存在することによって、私という「言葉」を形造られました。私という「言葉」が持つこれらのダイナミクスはすべて、神が与えてくださった「子どもたち」ですが、私はそれを自分の目的や願望や意図や計画の奴隷にしてしまっていたのです。神のための働きさえ、自分のやり方で行うことで、自分のものにしてしまっていたのです。確かに、私は自分の人生のファラオだったのです！

このみことばと格闘する中で、聖書日課は私を最後の災害へと導きました。初子の死です。自分の人生のファラオであることを止めるためには、神が与えてくださった賜物を自分の目的のために使いたいという、私の「初子」である願望を死に渡さなければならないのだと気づきました。それらの賜物が私の人生とミニストリーの中で神に自由に用いられるためには、それらの賜物がこの地において神が発した「言葉」になるためには、私はファラオであることを止めなくてはならないのです。このようにして、ファラオである自己、すなわち私の偽りの自己との格闘が始まり、それは今なお続いています。

このような変容は、情報ではなく形造られることを求めてみことばと向き合うときに可能になります。テクストを通して神のことばに語りかけてもらうことを良しとするとき、すなわち自分がテクストを支配するのではなく、テクストが語りかける対象としての姿勢を喜んで取るとき、変容が可能になるのです。

第五に、分析的、批判的、批評的な情報中心の読み方とは対照的に、形成的な読み方は、私たちがテクストの前にへりくだり、自分の利益や願望を脇に置き、心を柔軟にし、愛のあるアプローチをとることを求めます。実はこれは難しい注文です。なぜなら、私たちの内なる姿勢の方向を大々的に変えなくてはならないからです。読むペースを落とすことはできます。テクストをより深く探ることもできます。自分の見方や内なる姿勢を大きく変えることなしに、自分に語りかけるものとしてテクストを見ることもできます。それは偽りの自己が支配を握り続ける普段の情報中心の在り方に、いくらかの調整を加えれば済むことです。しかし、神のことばに対して純粋に心を開き、純粋に受け取ろうという姿勢を持って臨むとき、私たちの歪んだ「言葉」に対抗する神の突き通すような語りかけの前に自らを明け渡すとき、神のことばの鋭い剣の前に喜んで練られようとするとき、これまでのあり方にわずかばかりの調整を加えるだけでは済まない、より深い変化を必要とせざるを得なくなります。より深い次元での霊的修練への招きが聞こえ始めるのです[11]。

第六に、情報中心の読み方の特徴が問題解決志向であることに対して、形造られることを求める読み方の特徴は、神秘《ミステリー》に対してオープンであることです。自分の生活にある問題の解決を見つけるためにテクストに向かうのでなく、私たちが「神」と呼ぶ神秘に心を開いてテクストの前に出るのです。その神秘の前に立ち、語ってもらうためにテクストの前に出るのです。結果的には、その出会いから問題解決となるような驚くべきダイナミクスを発見するかもしれません。しかし、難しいのはここです。つまり、問題解決となる答えを得るためにその出会いの中に入っていくのではないのです。形成的な読み方はそれを放棄します。

形成的な読み方が変容をもたらす神との出会いを生み出すたびに、あなたは偽りの自己から自分を守らなければならないことに気づくでしょう。私たちはあまりにも狡猾な存在なので、表から入って来るのを止められた古い問題解決志向・自己中心志向が、裏口や脇の窓からいつの間にか忍び込むのを許してしまうのです。この出会いの地点で、情報中心の読み方に戻ってしまうことに何度も気づくでしょう。情報中心の読み方はとても強力だからです。神のことばが私たちに語り始めると、せっかく形成モードになっていても、再び情報モードにずるずると戻ってしまうのです。情報モードに戻ってしまうと役割が反転します。自分が再び「主人」になり、テクストがあなたの支配する「対象」になります。そうやって、テクストがあなたの人生に持ちうる影響が限定されてしまいます。この出会いの地点で、情報モードに戻りたいという強い誘惑を感じるでしょう。特にあなたに語りかける神のことばが、あなたの霊的状態のちょうど痛い部分で、あなたのいのちに浸透するならなおさらです。

このように、形成されることを求めてみことばにアプローチすることは、養っていく必要のある修練です。形成を求める読み方をするためには準備が欠かせません。情報中心の読み方では、思いついたら座って本を手にとり、いきなり読み始めます。事前の準備はいりません。しかし形成を求める読み方では、昔ながらのクエーカー教徒の言葉で言うなら、「心の焦点を定め」、静まり、雑念を捨て、神の臨在の前に自分のいのち（生活）を手放す必要があります。

私たちには、猛スピードで進んでいく人生という乗り物をおぼつかない手つきで必死に舵取りしながら、毎日を駆け抜けていく傾向があります。生活のペースを落とし、自らの支配を手放さなくてはなりません。形成を求める読み方に備えて内なる霊が整えられるためには、リラックスする時間が必要です。この準備そのものも、霊的に私たちを形成してくれます。形成を求めてテクストを開くという地点に来ることがすでに、とてつもない霊的形成であることが、皆さんにもわかってきたことを願います。たとえその日に読むみことばから、あるいはその週、その月に読むみことばから、何も語られないとしても、形成的な読み方に入っていくために自らを整える修練を地道に続けること自体が、もうすでに霊を形成してくれているのです。さらに、読むことだけでなく、生活のほかの領域にもそれは少しずつ溢れ出していくでしょう。そうしてあなたの日々の生活のすべての側面において、神に対してよりオープンで、より柔軟で、より応答できるようになっていくでしょう。

情報中心と形成中心の相互作用とバランス

霊的形成においてみことばを用いていると、最も重要なのは方法そのものではないと気づきます。私たちはまだ、方法について考え始められるところに到達していません。方法よりも、まず動機が先決です。動機によって、私たちがみことばにどのようにアプローチするかが変わってきます。情報中心と形成中心は、異なる二つの読み方の技法です。しかし本当の問題は、どちらがより良い方法なのか、ではありません。これらの技法をどのように組み合わせるのが最善なのか、といったことでもありません。むしろ、神の神秘《ミステリー》にどのような姿勢で向かうとき、霊的形成の可能性に自分を差し出すことになるのか、という問題です。情報を得ようとして読むときでも、神に心を開く内なる姿勢を持って向かうなら、形成的なダイナミックへと導かれるでしょう。

ここまで私が述べてきたことから、情報中心のモードは「闇の領域」なのだと思われたかもしれませんが、そういう話ではありません。両者をはっきり対比させるために、あえて情報中心の読み方の代替としての形成モードを強調しただけです。両者の間には有益な相互作用があります。聖書箇所を読むとき、ある程度の情報は必要です。テクストが私たちの霊を形造るためには、原文の文脈におけるテクストの意味や、もともとそのテクストが想定していた読者に対して何を語っているのかを、ある程度知ることが前提です。これは重要な情報的原動力です。しかしそこには、テクストが神との出会いの体験となるような形成的次元も存在します。神のことばが私たちという「言葉」に語りかけ、私たちがそれを聞いて、その出会いと語りかけに応答するとき、私たちは自分の人生における神の臨在と力を体験的に知るようになっていきます。

情報中心の読み方と形成を求める読み方の間には、このような絶え間ない相互作用が不可欠です。ただ、情報中心のモードはあくまでも霊的形成におけるみことばの役割の「表玄関」に過ぎないのです。いったん玄関の中に入ったなら、形成的アプローチを取って神のことばとのより深い出会いの中に入っていかねばなりません。私たちの偽りの自己が、神のことばによってキリストのかたちである完全さ《ホールネス》に向かって形造られることを経験したいなら、それが必要です。

ここで、バランスが重要になります。情報中心のダイナミクスから始めるとしても、形成的な読み方に移行する必要を敏感に感じ取らなくてはなりません。生ける神のことばが歪んだ「言葉」であるあなたに侵入してくることに心を開き、喜んで受け取るつもりでいなくてはなりません。神がどのような言葉としてあなたをこの世に向かって発しておられるのか、その招きに応答しなくてはなりません。

逆に、形成的なダイナミックから始めても、情報的な点で頻繁につまずいてしまうなら、その場合はいったん後ろに下がり、そのテクストを情報中心で取り扱い、それから再び形成モードに戻ります。みことばに対するこれら二つのアプローチの間には、重要な相互作用があります。しかし霊的形成におけるみことばの役割という点について言うならば、究極的には、形成的なモードでテクストに向かう習慣を養う必要があります。私たちの存在の内なる姿勢が変化するのは形成モードにおいてであり、そのときこそ、私たちはみことばの聴き手になれるのです。そのモードにあるときにこそ、生ける神のことばによって語られることが可能であり、それを受け取れるようになります。

一つのモードから別のモードに移行するのは容易ではないでしょう。特に情報中心から形成モードへの移行は難しいものです。情報中心か形成的かのどちらか一方だけで済ませたいという誘惑に駆られます。情報中心のダイナミックを捨て去ってしまう人たちがいます。聖書研究の批判的な読み方全体を、「リベラル」だとか「ヒューマニスティック（人間主義的）」だとか言って、まったく関わろうとしないのです。そして形成的なレベルでのみテクストに向かおうとします。他方で、形成的なダイナミックを捨て去ってしまう人たちもいます。彼らは形成モードを「原理主義」「主観主義」「敬虔主義」だと言って退け、情報中心のレベルでのみテクストに向かおうとします。しかしどちらも必要です。神は私たちに、知性を尽くし、また心を尽くして神を愛するようにとおっしゃいました。情報的な側面はもっぱら私たちの知性・頭に関連します（それだけではありませんが）。形成的な側面はもっぱら私たちの心に関連します（それだけではありませんが）。その両方を持ってバランスを取らなくてはなりません。

アドリアン・ヴァン・カームも、この章で私たちが考慮したことの要点と同じことを述べています。

みことばを読むことを通して自らが形成されるためには、テクストが最終的に自分について語ることに対して、従順さをもって心を開かなくてはならない。その宝物が私に渡されるまで、形成的な読み方にとどまらなくてはならない。加えて、形成的に読むとは、みことばが照らし出す形成的な洞察の光のもとで、自分の現状を喜んで変えるつもりがあることを意味する。形成的なものとして受け取ることばには、私を変容する力がある。キリストにある新しい自己を生み出すことができる。それは、私の生活のあらゆる側面に浸透していく。形成的なものとして受け取ることばは、自我が私をかき立てる以上に、私を引き上げることができる。それにより私は、「永遠のことば」のうちに賜ったいのちの形を見出すかもしれないのだ。[12]

形成的モードの読み方は、読むときのあなたの古い認識の枠組みを壊してくれるだけでなく、みことばそのものに対する新しい視点を要求するものであることが、おわかりいただけたでしょうか。次章では、その新しい視点について取り上げます。

＊訳注：礼拝で朗読される聖書箇所を、旧約聖書、詩篇、福音書、書簡から数節ずつ選んで教会暦に合わせて編纂したもので、３年間で聖書全体がほぼカバーされるようになっている。現在、英語圏のプロテスタント諸派の教会で用いられている聖書日課は１９９２年に編纂された『改訂共通聖書日課（ＲＣＬ）』で、カトリック教会が第二バチカン公会議後に刊行した『ミサの朗読配分』を参考にしたもの。

第六章
みことばの図像的性質

意味の問題

あなたは気づいているかどうかわかりませんが、私たちはここまで、解釈学的試み、すなわちテクスト（特に聖書のことば）から意味を取り出す過程について考えてきました。実はこの解釈学的試みの背後には、危険が潜んでいます。この危険は、私たちの文化が持つ情報中心の動力《ダイナミック》から直接的に発展した前提に根ざします。

その前提とは、「意味とは、もっぱら人間の認知レベルにおいて伝達される」というもので、新約聖書記者の認知領域を現代の解釈者の認知領域と融合させることさえできれば、意味は伝達され得ると考えます。理解とは認知レベル、すなわち情報レベルのみでなされるというこの見方を取り入れるなら、自分の理解を評価するための唯一の尺度は、自分がすでに持っている理解だということになります。聖書が近代哲学の前提のもとで解釈されがちなのはそのためです。私たちは、テクストの認知的・合理的支配を維持するために、自分たちの世界観をテクストの中に読み込んでしまうのです。

この傾向に対して、理解の情動(感情)レベルを強調してきた聖書学者たちもいます。彼らは「私たちの信じることが新約聖書の教会が体験したものと同じでありさえすれば、彼らが伝えていることを自動的に理解できる」と言います。しかしこの前提だと、多様な宗教的体験が聖書解釈の基準になってしまいます。

ウェスレー派の伝統は、認知的レベルと情動レベルの両極を橋渡しできる動力を提供します。それは、ウェスレーが生涯を通して、知識と生き生きした敬虔さを結びつけようとしてきたことの中に見出せます。ウェスレーは、一方で不毛な知性主義、他方で思慮のない熱狂という極端にクリスチャンが陥らないためには、人間の認知的次元と情動的次元は相互依存のうちに結びつく必要があるとはっきり悟っていたのです。

この認知と情動の両極端を結びつけることは、聖書を読むこととどう関係するのでしょうか。聖書記者たちは、自分たちの神体験の現実や、神のことばとの出会い、そしてそれがどう自分たちの生活に侵入してきたかを表現するのに、自分たちの経験の範囲から出る認知的イメージを用いました。彼らのイメージは、生ける神のことばと情緒的に関わり合うことを認知的に描いたものです。それは、「生き生きとした敬虔さ」についての「知識」です。新約聖書記者たちが用いたイメージ(ことばやフレーズによるもの)は、当然のことながら彼らの認識の領域に基づくものでした。つまりそれは、一世紀のアテネやコリントやエペソやローマの新聞で用いられるような、当時の普通のことばやフレーズです。ごく普通の言葉で表現されたものでしたが、新約聖書記者たちが証しする神との体験を共有する読者たちに対しては、それは新しく深遠なまでに異なる次元での意味を伝えたのでした。

より深い次元での意味

エイルレッド・スクワイアは、意味の伝達が持つこの側面を次のように簡潔に述べます。「教理を理解できる立場にいるのは、ある種の生活を送っている人だけである。経験だけが唯一の鍵となるような知識もあるのだ。[13]」

パウロも同じことに気づいています。コリント人への手紙第一 1～2章で、福音の伝達と哲学的知識の伝達の間の対比について、かなり長い議論をしています。パウロはまず、福音の宣言に対応する哲学的知恵を取り上げます（1・18～2・5）。それから、「私たちは……知恵を語ります」（2・6）と言います。そして彼が述べている知恵がどのような性質のものなのか、掘り下げていきます（2・7－12）。それは人間が発達させた合理性の知恵と結びつく知恵ではありません。この知恵は聖霊によって神の臨在の中にとどまる体験をすることに根ざしています。パウロはこの知恵についての説明を、このように言って締めくくります。「それ（2章6節で言及している知恵）について語るのに、私たちは人間の知恵によって教えられたことばではなく、御霊に教えられたことばを用います。その御霊のことばによって御霊のことを説明するのです」（2・13）。そしてさらに続けます。「生まれながらの人間は、神の御霊に属することを受け入れません。それらはその人には愚かなことであり、理解することができないのです。御霊に属することは御霊によって判断するものだからです。御霊を受けている人はすべてのことを判断しますが、その人自身はだれによっても判断されません」（2・14―15）。

パウロが用いている言葉のイメージ（彼が文章を書くときに用いる言葉、彼の宣言、彼の教えなど）は、当然ながら一世紀の世界の認識に基づいています。しかしここでパウロがクリスチャンの読者に伝えようとしていたのは、「神のことばによって形造られるいのち」という共通体験が持つ、より深い次元での力でした。ただ、何かを伝達するには聞き手の世界の認識に基づく言葉を用いるしかないので、それらの言葉を用いているのだとパウロは言っているのです。

みことばの本質

みことばのこのダイナミクスを見るのに、もう一つの方法があります。アラン・ジョーンズは次のように言いました。「（神に向かって内に進む）旅路とは、イメージ、神話、考え、光景を探究することでもある。それらのうちどれか一つか二つくらいは、図像《イコン》［訳注：何らかの主題や象徴を担う画像］、すなわち現実への窓口となってくれることを願いつつ、探究するのだ」[14]。この考えを裏返すと、みことばの本質についての深遠な真理が見えてきます。テクストが描写する現実に親密に関わって生きている人たちにとっては「イコン」となるものが、まだその現実の外側に立っている人たちには、単なる画像や考えや神話やイメージでしかないということです。

ここに聖書解釈の難しさがあります。新約聖書記者たちが用いた言葉やイメージを理解するための文脈として、新約聖書時代の世界の認識を完璧に再現することは可能かもしれません。その時代の人々の対人関係のあり方や性質を客観的に、正確に再現することも可能かもしれません。クリスチャンの共同体の生活体験を適切に、認知的に理解することも可能かもしれません。しかし、生ける神のことばによって形造られるいのちの経験的な現実を、私たち自身が味わっていなければどうでしょうか。味わっていないのなら、新約聖書の記述に関する私たちの究極的な理解は、人間についての自分の体験をもとにして「神秘的要素を取り除いた」もの、すなわち分析可能なイメージや神話や考えや光景を見ているに過ぎないのです。

神は私たちのところにやって来て、語りかけ、この堕落した言葉である私たちのうちに浸透してくださいます。そして、私たちを神の言葉としてこの世に向かって送り出すことを求めておられます。私たちはそのような神と、みことばの中で出会います。しかし神がみことばを通して私たちに語りかけるとき、それは人間のコミュニケーション、人間の言語を用いてなされるのです。みことばが「図像的」だというのは、そのためです。そう言われると、あなたは落ち着かない気持ちになるかもしれません。図像学（イコノグラフィー）〔訳注：絵画・彫刻など美術表現の表す意味やその由来などについて研究する学問」は、私たちの西洋的知見や理解にとって、どちらかというと異質なものだからです。それでも、みことばの図像的性質に気づくことは、みことばを深く理解することに欠かせません。それは、霊的形成におけるみことばの役割に不可欠なのです。

みことばの記者たちは、生ける神のことばによって形造られるという、まったく新しい秩序のもとに生きていました。しかし神のことばの体験の広さ、深さ、高さ、長さを互いに伝達するには、古い秩序のもとにある生き方での言語、彼らの世界の言語をどうしても用いざるを得ないので、そのようにしていました。そうしているうちに、言語は図像的になります。神のことばによって形造られた、いのちの現実への言語的な窓となるのです。

ローマ・ヘレニズム文化はとても図像的な文化でした。ローマ・ヘレニズム世界の芸術、建築物、貨幣制度、彫刻は、その世界に住む人々の霊的な領域、つまり人間の存在の文脈を形造ると考えられていた領域を描写していました。この文化は図像的な社会であり、キリスト教の文書も、この特徴を用いて書かれたのです。

「教会」、すなわち神のことばによって形造られた共同体を表すのに新約聖書が用いている語句を用いて、ここにある図像性を説明してみましょう。「教会」を表す新約聖書の語句は数多くあり、羅列するだけでも気が遠くなります。合理的、論理的、認知的にまとめようとするなら、どうやってもうまくいきません。それは情報中心のアプローチだからです。ここには、私たちの合理的・客観的支配をかわそうとする何かがあります。教会は、都市、からだ、花嫁、神殿、岩、建物、家、ぶどう畑、王国、国、家族、群れ、神の民、軍隊、光の子、塩、パン種、初子、祭司、しもべなどとして表現されます。ポール・ミニア［訳注：聖書学者］はこの文芸的な図像性の複雑な性質を、次のようにうまく言い表しています。

> どんなリストも、新約聖書記者たちの鮮明な想像力を網羅し尽くすことはできないし、それらの概念が持つしなやかさや生命力や巧妙さを、ふさわしく表現することもできない。どの個別の名称もイメージも、そこに表される思索全体を把握するものとして受け取ることはできない。それらはどれも、客観的で妥当な定義に縮小する（著者注：情報中心のアプローチ！）ことはできない。これらの言葉とイメージは思索のための方法であり、固定的な意味を持つ発想の貯蔵庫ではないのだ。これは、その思索の特徴のみによるものではなく、描写されている現実の、質的、関係的特徴にも起因するのである[15]。

それからミニアは、新約聖書に登場する比喩的描写のまさしく図像的な性質に、ぴたりと焦点を合わせます。「教会のいのちに参画することは、そのイメージが暗示するものを理解するのに必要であると考えられていた[16]」。つまり、教会の幾重にも重なった多様なイメージは、新しい秩序による在り方の現実の中に住む者にとっては図像《イコン》となったのです。その新しい在り方は、神のことばによって形造られた共同体のために、神によってイエスを通して建て上げられ、聖霊の臨在と働きによって実現したものでした。人が、生きていて生産的な神のことばと出会い、それに応答するとき、いのちの現実は無限のものへと形造られていきます。新約時代の人々は、これらの図像《イコン》を通して、いのちの無限の現実が持つ、いつまでも新しくより深い次元を認識し、経験したのです。

イコンとしてのみことばの動力《ダイナミクス》

みことばは図像的です。イコンには、その絵の中の後方のものほど小さくなるのでなく、むしろ大きくなるという興味深い特徴を持つものがあります。景色が描かれているイコンを見る機会があれば、ぜひじっくり見つめてみてください。たとえば、イコンに描かれている窓をじっと見てください。手前には比較的小さい窓が描かれているかもしれません。もう一つの窓は、どう見ても背景の一部なのに、手前の窓よりずっと大きく描かれています。あるいは、建物を見てください。通常なら、後ろにあるもののほうが手前のものより小さくなるはずですが、イコンに描かれる建物は、背後にあるもののほうが手前のものより大きく描かれていることがよくあります。それがどのような効果を持つかわかりますか？　私たちの通常の遠近感が完全にひっくり返され、その絵が見えなくなってしまうほど遠のいていくのです。

私たちは、自分が慣れ親しんでいる遠近法を用いてイコンを判断する傾向があります。しかしイコンは私たちの遠近感を覆します。イコンを見つめるとき、ピントの位置はその絵の中、つまり「どこか外側」にあるのではなく、自分の中にあるのだと発見します。そしてあなたの前に開かれた現実、神秘《ミステリー》に、引き込まれることに気づくでしょう。あなたはその絵を支配する独立した客観的観察者ではなく、そのイコンが独立した客観的現実としてあなたと出会い、あなたに語りかけ、あなたをその在り方の中に引き入れることに気づくのです。東方教会やロシア正教の兄弟姉妹にとって、信者の共同体の中で現実への窓口としてイコンが非常に重要なのはそのためです。イコンはキリストにある新しい在り方へと彼らを引き入れるのです。

そういうわけで、みことばの基本的な認識として私が皆さんにお勧めするのは、図像《イコン》のイメージです。みことばを図像的に考えるようにしてみましょう。自分が読むものをどう受け取るかは、情報中心のアプローチがもたらす過剰な情報によって左右されるという感覚があります。情報中心のアプローチは、私たちを写実的芸術《リアリスティックアート》のような次元に合わせてきました。そのような次元では、飽和点はどこか「外側」にあります。すべてのものがそこから発する「ゼロ地点」があり、コントロールを握るのは私たちなのです。しかし、みことばを図像的に見始めるようになると、私たちは自然と形成的モードに移行します。私たちがみことばの前に立つと、みことばが私たちの前に開かれていきます。そして私たちに語りかけ、神のことばによって形成される在り方へと私たちを引き入れるのです。

パウロはコリント人への手紙第一2章13節で、みことばの主要な動力はその図像性であると言っているようです。そうだとすれば、聖書が霊的形成にとって効果的な媒体となり、神のことばとの出会いによって形成されるための仲介者となるためには、情報中心のアプローチから形成的アプローチに移行しなくてはなりません。みことばの前に、へりくだって自らを開かなくてはなりません。みことばに耳を傾けなくてはなりません。応答するつもりでいなくてはなりません。このようにしてみことばに近づくとき、私たちという「言葉」が神のことばと共鳴し始め、いのちの中に引き込まれていくことに気づくでしょう。これまで自分を形造っていた意味や価値、目的、アイデンティティー、充足、そして完全さがすべてひっくり返され、新しい形を取り始めることに気づくのです。私たちのいのちは新しい意味、新しい価値、新しい目的、新しいアイデンティティーを持つようになります。なぜなら私たちは、神がこの世に向けて発せられた「言葉」となっていくからです。この世界の中で、他者との新しい関係のうちに生きるようになっていきます。キリストにある新しい在り方のいのちです。カイロス的存在に参与する者になり始めるのです。

第七章
カイロス的存在

本章を始めるにあたり、少し時間を取って神の臨在のもとで心を静めましょう。神が私たちと共になさりたいと願っておられることに、私たちの心、生活、思い、そして私たちの存在そのものを開きましょう。神の臨在の中で静止しましょう。

神よ、再びあなたに向かいます。私たちは不完全な者ですが、あなたが完成させてくださることを願ってあなたのもとに出ます。私たちは壊れた者ですが、あなたが修復してくださることを願ってあなたのもとに出ます。私たちは病んでいますが、あなたが癒やしてくださることを願ってあなたのもとに出ます。私たちのいのちの深みを、あなたに向かって開くことができるよう助けてください。この章で、そして本書のすべての章で、あなたが私たちのうちで働いてくださいますように。私たちが欠けや傷のない完全で健全な者とされるために、あなたの全きご意志のうちにあなたの目的が成し遂げられますように。あなたがなさっておられるすべてのこと、あなたがこれからなさるすべてのことのゆえに、イエスの御名によって感謝と賛美をささげます。アーメン。

ここで、もう一つの認識の転換を見ていきます。今までとは異なる意識へと続く、もう一つの窓口です。みことばが私たちの人生で図像的に機能するならば、そして〝キリストにある〟ことによる神の新しい秩序に引き寄せられるためにみことばがその窓口になるのであれば、私たちは認識をまったく改める必要があるでしょう。つまり、神が発する私たちという言葉は、ある種の在り方の中にその基準枠を持たねばならない、ということです。その在り方とはいろいろな意味で、私たちという言葉を歪め、台無しにするあり方とは正反対のものです。

みことばの「世界」

まず、みことばと、新しい在り方の世界との関係を見るところから始めましょう。多くの点で、聖書とは複数の文書の驚くべき集まりです。古代近東の千年近くにわたる歴史（旧約聖書）と、ローマ世界の最初の百年間（新約聖書）にわたり、そこでのさまざまな文化的文脈の中で執筆されました。それだけですでに私たちにとって異質なものです。しかしそれは、この複雑なコレクションのほんの表面でしかありません。その文化的文脈の内側から聖書を理解するようになると、聖書がいかに対抗文化的な性質を持つものであるかにも気づくようになります。

記者たちとそこに記されている出来事は、彼らが生きていた世界に代わる異なる現実が存在することを証しします。その代替となる現実は、人間の文化に押し入り、揺るがし、その現実の中での真のアイデンティティーと価値と目的を見出すようにと人々を招きます。この代替の現実は、自分は聖書的現実の中に生きていると誤って考えている人たちの、すでに確立している宗教的習慣や伝統さえも揺るがします。みことばの前に出ると、私たちは当惑します。自分自身を超えたもの、私たちの文化に浸透している価値や視点を超えるもの、私たちの信仰の宗教的構造や実践さえも超えるところに、私たちを連れていく何かに出会うからです。

明らかに、みことばは一組の宗教的概念や神学的原則を提示するだけのものではありません。これまでとは異なる在り方の秩序を、私たちの前に突きつけます。私たちを偽りの自己から引っ張りだし、真の自己が見出される、異なる在り方へと連れていきます。そしてこの異なる在り方のうちに真のいのちを見出した人々による、世代を超えた共同体の中へと、私たちを連れていきます。この共同体の体験に参加することを通して、私たちはみことばを完全に理解するようになるのです。

パウロはエペソ書とコロサイ書の両方で、この体験をするようにと強く勧めます。エペソ人への手紙はきれいに二つに分かれます。前半は教義に関すること、後半は実践に関することです。前半ではキリストにある神の偉大なる奥義について、そしてそれが私たちに何を意味するのかについて説明します。その上で、４章からは「歩み」について語り始めます。パウロは１節でこう言います。「さて、主にある囚人の私はあなたがたに勧めます。あなたがたは、召されたその召しにふさわしく歩みなさい。」そしてこのテーマについて、16節までさらに説明し、4章17節でこう続けます。「ですから私は言います。主にあって厳《おごそ》かに勧めます。あなたがたはもはや、異邦人がむなしい心で歩んでいるように歩んではなりません」。5章2節では「愛のうちに歩みなさい」と勧めます。そして5章15節ではついに、このように結びます。「ですから、自分がどのように歩んでいるか、あなたがたは細かく注意を払いなさい」。「歩み」という言葉を繰り返し用いることで、パウロは生活を秩序のもとに置くこと、この世での自分という存在を秩序のもとに置くことを伝えます。

エペソ人への手紙5章15節で語られる、歩みの性質に目を留めてください。「そこで、どのように歩むか気をつけなさい。知恵のない者としてではなく、知恵のある者として」［NRSVからの邦訳］とあります。私たちの情報中心の文化では知恵を認知的機能と見なし、知恵の同義語として、知性のある、優秀な、天才的な、といった言葉を用います。これらは知恵に付随するかもしれませんが、聖書的には、特にパウロやヘブライ伝統では、知恵とは神のみこころと目的に従って人生を神の秩序のもとに置くことを指します。知恵とは、あなたという存在の中にあるすべての動力を、神がこの世に向かって発したあなたという言葉（本来あるべき姿のあなた）に調和させることなのです。

それからパウロは、知恵をもって歩むことの本質をさらに明らかにするために、あるフレーズを付け加えます。それは非常に重要なフレーズです。16節は通常「機会を十分に活かしなさい」のように訳されます。ギリシア語の*exagoradzomeoi ton kairon*は、コロサイ書4章5節でもまったく同じ形で登場し、そこもやはり、知恵において歩むという文脈です。*exagoradzomeoi*という長い単語の中には*agora*、すなわち「市場」という言葉が埋め込まれています。*agoradzomeoi*という動詞は、「買う」「売る」「商売をする」などの*agora*（市場）でなされる活動を表します。この文脈では、*agoradzo*は文字どおりには「買い上げる」という意味を持ちます。誰かの出店に行って、そこに並んでいるものすべてを買うなら、それが*agoradzo*です。その店が売っているものすべてを買い上げるのです。

　ギリシア語は語形が非常に変化する言語なので、自分が言いたいことを望むままに正確に言い表すことができます。パウロはまさにそれをここで行っているようです。彼は動詞の「中間態」を用いています。中間態とは能動態と受動態の中間の機能を持ち、主語の行う動作が主語に対して何らかの影響を与えることを表します。ここでは、*exagoradzomeoi*の最も理にかなった訳は、「自分自身のためにすべてを買い上げる」「すべてを自分のものにする」でしょう。

　では、何を自分のものにするのでしょうか？　カイロスだとパウロは言います。ギリシア語には時間を表すのに二つの単語があります。一つはクロノスと言い、年表や年代記を意味する*chronology*の語源で、時計が示す時間のことです。クロノスは基本的に、秒、分、時間、日、年の一連の流れです。

時間を表すもう一つの単語はカイロスで、クロノスの同義語として用いられることもありますが、普通は「成就した時間」「正念場の時間」「決定的な時間」を意味します。すべてのことが一つに調和した決定的な機会、それを逃したら二度と押さえることはできないであろう時間です。

新約聖書、特にパウロの文書は、この言葉を興味深い順序で用います。「カイロス」は局所的に二つの次元で用いられます。一つは、神がキリストにあってなさったことと関連します。[17] ある意味で、イエスのいのち、死、復活、そして昇天は神のカイロスです。たとえば、マルコはイエスのメッセージの要約版を私たちに伝えるとき、イエスは「時（カイロス）が満ち、神の国は近づいた」（1・15）と言ったと報告しています。新約聖書の残りの部分は、マルコが報告したことを肯定しています。すなわち、キリストにあって、人類の歴史における神の決定的な瞬間が成就した、ということです。神の新しい秩序、つまり神の国が、キリストにあって人類の歴史に割って入ってきたのです。

新約聖書におけるカイロスのもう一つの次元は、キリストの再臨に言及するものです。[18] 最初のカイロス（すなわちイエスの受肉と死と復活と昇天）によって神が始めた働きを結実させる、クライマックスに向かうカイロス、完結に向かうカイロスが、将来やって来るのです。

これらの二つのカイロスの用法に加え、多くの場所でパウロが「カイロス」を用いているのが散見されます（なかでもエペソ5・16とコロサイ4・5は最も顕著）。カイロスはキリスト者のこの世での存在という文脈とも関係があるかのようです。[19] ある意味で、キリスト者がこの世においいて生きるとき、キリストの受肉によって始められキリストの再臨によって完結される、そういう在り方のうちに生きているのだと言っているかのようです。

パウロが「機会（カイロス）を十分に生かして用いなさい」（エペソ５・16、コロサイ４・５）と言うとき、神が差し出しておられるキリストにある新しい在り方に無条件で自らを委ね、まったく自らを聖別し、完全にその中に浸ることを意味しています。その新しい在り方の秩序がもたらす原動力（すなわちその価値と構造、神の臨在、目的、力が浸透する現実）によって私たちの日々の生活が形造られていくように、自分を差し出すのです。

カイロス的に生きなさいとパウロは強く勧めます。ここでもギリシア語の美しさが動詞の時制に表されます。ここでパウロが用いている時制は継続的動作を表すものです。パウロは「一回きりの出来事として、出ていってそれを行いなさい」とは言っていません。むしろ「機会（カイロス）を継続的に十分に生かして用いなさい」と言っています。キリスト者の在り方とは、カイロス的な在り方なのです。

私たちを変容する神の恵みのカイロス、神がキリストにあって与えてくださった新しい在り方のカイロス、生ける神のことばによって形造られる新しい在り方のカイロス。このカイロスこそ、みことばの「世界」です。カイロス的存在とは、その世界の中で生きるいのち、すなわち神がこの世に向かって発した私たちという言葉が、神の生きたことばによって形造られるいのちのことです。

カイロス的存在のいくつかのダイナミクス

エペソ書5章の続きの箇所で、パウロはカイロス的存在が持つ、いくつかのダイナミクスを語ります。第一に、「愚かにならないで、主のみこころは何であるかを悟りなさい」(17節)と言います。カイロス的存在における主要な要素は神のみこころです。カイロス的存在とは、この世において神のみこころによって形造られるいのちなのです。

第二に、パウロはこう述べます。「また、ぶどう酒に酔ってはいけません。そこには放蕩があるからです。[20] むしろ、御霊に満たされなさい」(18節)。カイロス的存在は神のみこころによって形造られるいのちであるだけでなく、内在する神の臨在によって力づけられるいのちでもあります。

カイロス的存在の第三の側面は、個人主義的で私物化された私たちの文化では、特に重要なものです。パウロが「詩と賛美と霊の歌をもって互いに語り合い」(19節)と言ったとき、彼は共同体におけるいのちとしてのカイロス的存在を描写していました。ここでパウロは、オペラ同好会のようなものを想定していたとは思えません。パウロが伝えたかったのは、私たちの人生が互いに調和する世界では、カイロス的存在であることが私たちの生き様になる、ということではないでしょうか。私たちが皆、同じ歌を歌うのではありません。全員が主旋律を歌わねばならないという意味でもありません。私たちはそれぞれに、他者との関係の中で、自分が「歌う」べきパートを持っています。しかし、私たちのパートは、他者の人生の中で成長を促すハーモニーとなるのです。私たちが他者の人生の中で神が発せられた言葉になることを求めるなら、究極的には互いに調和した言葉となるでしょう。なぜならそれは、欠けや傷のない完全さを表す言葉だからです。

第四に、パウロはカイロス的存在についての記述を、「詩と賛美と霊の歌とをもって互いに語り合い、主に向かって心から賛美し、歌いなさい。いつでも、すべてのことについて、私たちの主イエス・キリストの名によって、父である神に感謝しなさい。キリストを恐れて、互いに従い合いなさい」（エペソ5・19－21）で締めくくっています。カイロス的存在は、調和のうちに神と関係を持っている状態です。それは幸いなことに、人生のあらゆる状況において私たちを形造るという神の目的に開かれており、またそれを受け取りやすい状態です。他者のために神が発した言葉になることに対して、へりくだって自らを委ねるのです。

パウロはコロサイ書4章5節で「機会（カイロス）を十分に活かしなさい」と勧め、さらにカイロス的存在についての教えをより明確に定義するために、もう一つの要素を付け加えます。「知恵をもって行動しなさい」と言うのです。「知恵のない者としてではなく、知恵のあるものとして」自分がどのように歩んでいるか、「細かく注意を払いなさい」とエペソ書5章15節で述べているのと、基本的に同じことです。コロサイ人への手紙では、パウロは「外部の人に対しては機会（カイロス）を十分に活かし、知恵をもって行動しなさい」と付け加えています。ここに二つの在り方があります。一つは、神と出会い、自分の生活に侵入してくる神に自らを委ねることでカイロス的な存在へと引き込まれ、そのカイロス的存在の豊かさと完全さの中によりいっそう深く引き入れられている人たちです。もう一つは、神に積極的に応答することなく、外側に立っている人たちです。

「外部の人に対して知恵をもって行動しなさい」というパウロの勧告は、上から目線の「象牙の塔」のような孤立主義や分離主義ではないことに注意してください。パウロは、キリストにある完全さの旅路に足を踏み入れた人たちにとって、その旅路の本質は、この世の壊れたいのちに対して神の完全さの代理人となることだと、深遠な方法で示しているのです。私たちの生活がこの世と交わり合うとき、私たちはこの世の生活において神のカイロスとなるべきなのです。あるいは、ヨハネの言葉で言うなら、「この世において、私たちもキリストと同じようであるからです」（Ⅰヨハネ4・17）。

カイロス的存在のリズム

カイロス的存在の特徴をいくつか見てきました。主のみこころ、聖霊に満たされること、調和、そして感謝、謙遜、従順です。しかし、カイロス的存在には、ある種のリズムもあります。それは、より深い霊的生活に対して飢え渇きを持つ人たちにとって重要なものです。

カイロス的存在の基本は、霊的修練のリズムです。もしかしたら、神はあなたに何かを語りかけているかもしれません。究極のリズムなるお方の前にあなたの偽りの自己が死んで、自分のリズムを手放すことが必要であると語られているかもしれません。究極のリズムなるお方は、あなた好みの霊的生活の普段のリズムとは相入れない、より深いリズムなるお方でもあります。もしかしたら、このより深いリズムへの応答として、神への従順とへりくだりの霊的修練を実践するよう、生ける神のことばはあなたを招いているかもしれません。霊的修練とは、私たちの人生において、カイロス的な存在のダイナミクスが、歪《ゆが》み、ひずみ、劣下させられた状態にある私たちの「言葉」と対立するまさにその場所においてなされるのです。そこでは、生きていて浸透してくる神のことばが、私たちの存在の深みを探ります。

究極的に、霊的修練とは私たちが自分で選ぶものではありません。ここに、私たちの文化における個人主義的で私物化された宗教の中にある、もう一つの問題があります。私たちは、霊的修練とは自分が採用するものだと思うのです。自分の霊的生活のどの領域で成長が必要か、自分で決めます。そしてその領域において取り組むことにし、何らかの「霊的修練」を始めます。問題は、どういう霊的修練を行うのかを自分で決めると、それは自分の現在の状態とうまく共存できるものになってしまうことです。十字架を負って神に従うことも、いつそれを負って、誰がそれを見て私を称賛してくれるかを自分で選べる限りは、そんなに悪いものではありません。決して易しい修練ではないかもしれませんが、自分のやり方で行う限りは自我を増大させられるので、なんとか頑張れるのです。

純粋な霊的修練とは、人生の中で私たちが束縛されている部分に侵入してきます。神が発した私たちという言葉を矮小化してしまう、何かに縛られている部分です。これらの修練は、私たちが自分の不完全さや傷にとらわれている、まさにその部分で起こります。神がそこから自由にしようと願っておられる部分です。この次元では、霊的修練は心地よいものではありません。霊的修練は神から私たちのもとにやって来る恵みです。最初はそれが神の御手から来ているとは思わないかもしれません。しかしいったんへりくだって自らをそこに差し出し、その修練に応答し始め、それがもたらす成長と健全さを経験し始めるなら、それが神からの賜物であるとわかってきます。私たちが行っていたのではありません。神がなさっていたのです。ずっと神がなさっていたのです。[21]

カイロス的存在のもう一つのリズムは、共同体のリズム、つまり、キリストにあって共に生きる人生のリズムです。霊的修練とは必ずしも心地よいものではないため、私たちには信仰共同体が必要です。これは互いの重荷を負い合うこと（ガラテヤ6・2）や、互いを建て上げること（Iテサロニケ5・11、エペソ4・12、16、29）の根底にあるものです。私自身について言えば、キリストにある完全さへと成長していくのに必要な霊的修練を維持する力は、自分の中にないと自覚しています。前進するのが困難になってくるとき、私がなすべきことをしっかり行えるよう支えてくれるキリストにある兄弟姉妹がいなければ、私の意志、私の願い、私の目的、私の快適さを求める思いが、霊的修練を損ない、逸脱させてしまうと知っています。説明責任を負うことのできる霊的同伴者か霊的形成のためのグループがなければ、修練を続けていくことは難しく、途中で挫折してしまうでしょう。

私たちはクリスチャンの共同体を内輪のサークルのようにしてしまうことがよくありますが、カイロス的な共同体とは、そういうものではありません。カイロス的な共同体は、生ける神のことばによって形造られる共同体です。神がこの世に向けて発した私たちという言葉が、本来の完全さに向かって養われていくための共同体なのです。

カイロス的存在のもう一つのリズムは、典礼《リタジー》です。私たちプロテスタントは典礼に抵抗した歴史を持つために、カイロス的存在の本質的な側面をすっかり失ってしまいました。幸いにも、より全体的《ホリスティック》な典礼に立ち返ろうという動きがあります。典礼とは、礼拝のために定められたしきたりですが、それだけではありません。カイロス的共同体の共同のライフスタイルとなります。典礼を通して、神との関係、互いの関係、そしてこの世との関係において、この共同体のカイロス的在り方が余すところなく表現されるよう神に求めるのです。典礼は、神が用いられる恵みの手段です。神は典礼を通して、私たちの共同体がより人間らしい共同体となるように、さらに深く語ってくださいます。それは共同体のメンバーを愛によってより密接につなぎ、結びつけ、神の愛の代理人としてこの世に送り出します。

霊的修練、共同体、典礼というこれらのリズムは、どれも私たちを世に向かって押し出します。それはまた、自分の中にある世を、神の臨在のもとへ持っていくリズムでもあります。そうやってそれが変容されるためです。それから、変容をもたらす神の恵みの体験のうちに、癒やしと完全さと和解と愛の媒介として、私たちは恵みと愛のカイロス的存在をこの世に持っていくのです。

　そういうわけで、霊的形成とはカイロス的に生きることを学ぶプロセスだと言えます。カイロス的存在として徐々に、日ごとに生きるようになるプロセスです。神が発した言葉、すなわち神の生けることばによって形造られ、成就されるべき言葉として生きるようになるプロセスです。神が私たちのうちに侵入し、語りかけるために、みことばは主要な媒体の一つです。カイロス、生ける神のことば、そして神ご自身との変容をもたらすような出会いは、みことばを通してもたらされることが多いのです。みことばは、私たちの生活や信仰共同体の中における神の臨在、力、目的が働くための主要な媒体の一つなのです。みことばはイコンです。それを通して、カイロス的存在の現実が私たちの存在の中核にまで染み渡り、すっかり押し黙ってしまった言葉から、神がこの世に向けて発してくださった言葉に変容されるようにと、私たちを召し出してくれます。

　ここまで、霊的形成におけるみことばの役割に影響する、私たちの認識の枠組の四つの中心的な面を検討してきました。

1. 自分自身を、神がこの世に向けて発した「言葉」と見なすことによって、これまでとは異なるかたちで私たちの自己像を認識することを試みました。この「言葉」、すなわち歪められ、ひずみ、劣下した「言葉」が、解放と癒やしと贖いと愛をもたらすものとして神が他者の人生の中に送り出した「言葉」となるためには、生ける神のことばによって形造られなければなりません。

2. みことばが私たちの歪んだ「言葉」の核にまで浸透し、生産的な生けることばとなるには、（情報中心的アプローチとバランスを取りつつ）形成的なみことばの読み方を養っていく必要があることを見ました。そうすることで私たちは、みことばのうちに現される生ける神のことばとの出会いに対して開かれ、柔軟で、応答する用意のできた者となります。

3. みことばへの形成的なアプローチは、みことばを図像的な性質を持つものと理解することによって、より豊かになることも見てきました。「キリストにある」とは、新しい深遠な秩序のもとに生きることですが、みことばはその現実への窓口であると理解することが必要であることも見ました。

4. 最後に、みことばの図像的な性質は、クリスチャンをカイロス的存在として受け止めるという新しい理解へと導くことを見ました。そのカイロス的存在の中で、私たちという「言葉」は神のことばによって形造られていくのです。

第三部

中心となる経験上の変化

第八章
機能的要因と関係的要因

第二部の四つの章で、私たちの霊的形成に直接的な影響を与える、いくつかの極めて重要な認識上の現実を検討しました。ここで重要なのは、それらの認識上の現実は、霊的形成におけるみことばの役割を左右するものであるということです。そこで、私たちが自らを、神のことばを、テクストの読み方を、みことばの見方を、そしてクリスチャン生活のより深い現実といったものを考えるときの代替の枠組みとなるものを考察しました。

認識の枠組みのそれらの側面を検討したので、今度は、私たちの生活のあり方を根底から左右し、結果として私たちの霊性を強力に形造る（あるいは歪める）、経験的な要因を考慮しなくてはなりません。

それは文化的要因と宗教的要因ですが、これら二つの基本的な経験的要因は互いに影響を及ぼし合っています。そこでこの二つの側面を分離する代わりに、両方を統合させて、人生の経験的構造における二つの重要な対立についての私の考えを提示します。

私たちの文化の機能的現実

まず、機能性と関係性の対立です。西洋文化一般、特にアメリカ文化は、機能性中心の文化です。初対面の二人の会話を聞いてください。会話が始まって数分も経たないうちに、場合によっては数秒のうちに、一人がもう一人にこう尋ねるでしょう。「お仕事は何をされてますか？」これはアイデンティティーを確立させる問いであり、自分たちの価値観システムの中で人の格付けを可能にする問いです。私たちの文化は、機能をもとに人の意味、価値、目的、さらには自己イメージまでも確立するのです。

この機能性中心の破壊的な性質は、私たちの文化の中でさまざまな形を取って表出します。その一つは十代の子どもたちの自死です。十代は、この文化では二番目に自死率が高い年代です。自死における主要な要因は、人生の意味や目的が感じられない、自分に価値を見出せない、自己イメージが低いといった、心の底から湧き上がる感覚であることはよく知られています。私たちの社会の若者は、先ほども述べたように、機能的であることを基準に人間の価値を定める文化の中で育っています。さらに、二十代の初期か二十代半ば（十代の自死率のピークをちょうど過ぎた年齢層）までは、意味のある機能的な活動を先延ばしする傾向のある文化の中で育っています。このように、私たちの社会の若者は非常に曖昧な状況の中に閉じ込められています。彼らの価値、意味、アイデンティティー、そして目的は、社会における自分たちの機能的な役割に依存するものでありながら、意義のある機能的な役割を持つことが許されていないのです。自死、薬物乱用、犯罪がどれも、この年代にピークがあるというのは、無理もないことではないでしょうか。

機能性中心の破壊的な結果のもう一つの現れは、対極の年齢層である退職者のうちに見られます。統計によると、今や高齢者の自死率は十代の二倍なのだそうです！　退職者の状況を考えてみましょう。朝、目を覚ますと、これまで自分の人生に意味や価値、目的、アイデンティティーを与えていた機能的な役割がもはや無いのです。退職したばかりの人たちの間で鬱が蔓延し、自死が多いのも不思議ではありません。

教会における機能的要因

クリスチャンの共同体でも、機能的要素がもたらす破壊的な力の悲痛な例を見たことがあります。私が教えている神学校では、指導監督のもとでミニストリーを行うプログラムがあり、ほとんどの学生が二学期間にわたり、病院、刑務所、老人ホーム、社会福祉機関、そして教会といったさまざまな場所で実践的ミニストリーに参加します。学生は一週間に八時間ミニストリーに参加し、それから週に一度、内省のためのセミナーに出ます。毎学期、自分の体験をもとにケーススタディーの発表を二回行います。

ある学期、私が指導していた内省のセミナーで非常に興味深いパターンが出てきました。そのセミナーでは、ケーススタディーとして学生が自分たちの奉仕の場でキリストの代理人となった状況について発表します。学生たちは毎回、自分のミニストリーの準備として「活動計画」を立てていました。どのように機能するかという計画を注意深く立てたのです。しかし学生がそれぞれのミニストリーの場に到着すると、毎回何かが起こり、彼らが注意深く準備した機能的計画が完全に台無しになりました。学生はまず、自分の計画を調整しようとします。なんとか奉仕しようと、二つ三つの異なる機能的モードを試します。しかしどれもうまくいきません。毎回、学生は打ちのめされました。中には、自分は本当にミニストリーに向いているのだろうかと真剣に自問するに至った学生もいます。彼らは、機能的失敗をミニストリーの失敗と同等だと思ったのです。福音の務め《ミニスター》をする者としての自分たちのアイデンティティー、価値、意味、目的は、ミニストリーと相絡まり、彼らの機能的活動の効率と分離不可能なまでに結びついていました。

あるケースでは、学生は病院の看護師長から末期の患者と話しをするよう頼まれました。この学生は、言葉を用いたミニストリーをすることしか考えていませんでした。みことばによる慰めを与え、魂の状態と死への備えについて話し合いをし、最後に祈りで閉じようと計画しました。しかしその学生が病室に入ると、患者はベッドに横たわっていて、意識不明ではないものの、朦《もう》朧《ろう》とし、応答できる状態ではありませんでした。学生はベッドの上の体に向かって語り始めました。患者の体はただそこに横たわり、瞬《まばた》きもせず、天井を見つめていました。学生は祈ってもいいかと尋ねましたが、返事はありません。とりあえず祈り始めたものの、片目を開けて患者が反応しているかどうか見ると、やはり何の反応もありません。そこで学生は祈るのを止め、いくつか違うことを試してみましたが、結局立ち上がって病室を後にしました。

この学生はすっかり打ちのめされ、内省のセミナーでは、うまく行えないなら自分はミニストリーに携わるべきなのかと、真剣に悩んでいました。しかし他のセミナー受講者の助けを借りつつ、この状況をもう一度ゆっくり見直したとき、ミニストリーとは自分が行う以上のものであることがわかってきました。ミニストリーとは、他者に仕えるときの自分が、神との関係においてどういう存在であるか、なのだということがわかってきました。自分のアイデンティティー、意味、価値、目的を、自分がいかに機能できるかという観点から決定することがどれほど有害であるか、わかってきたのでした。

何年も前のことですが、エドワード・E・ソーントン博士が、ある講義で非常に興味深いことを語りました。神学校や牧会現場での牧会ケアの本質は、最近まで基本的に機能中心であった、と。つまり、危機にある人を助けるためにあなたは何をするのか、他者の必要を満たすためにあなたは何をするのか、が中心だったということです。それから彼は、近年ある変化が起こっていると言いました。人が何をするかということより、他者といるときの自分がどういう人間であるのかのほうが重要だ、という認識が出てきたのだと。ソーントン博士は、牧会カウンセリングの現場での指導者たちは、機能的なモードから関係的なモードへの変化の必要に気づき始めたと述べました。[22]

霊的形成における機能的要因

少し身につまされるかもしれませんが、この機能的ダイナミックを自分に当てはめてみましょう。霊的形成に真剣に取り組もうとしている私たちのような者には、霊的形成を自分が行うテクニックとして捉えたいという強い誘惑があります。燃え尽きてしまったミニストリーを生き返らせるために行うものと見なすことさえあるかもしれません。霊的形成を、使い古された礼拝やディボーションの方法に取って代わるものとして行うものだと考えるかもしれません。礼拝を、神の愛に満ちた臨在の深みへと引き寄せられることで自らを神にささげるものと考えるのでなく、神との関係を正しくするために行うものと見なすことが、私たちにはどれだけ頻繁にあるでしょうか。この機能的ダイナミックは生活の端々にまで染み込んでいます。そこには「霊的」活動も含まれます。

ここに私たちにとって問題となる点があります。霊的形成において、みことばを道具やテクニックのように用いる危険です。霊的に形成されるためにみことばを用いて何をするのかと、私たちは考えがちなのです。霊的形成におけるみことばの独特な役割を検討するところに、本書がまだ至っていないのはこのためです。霊的形成におけるみことばの役割を考慮する前に、すでに検討した認識の枠組みの変化と、ここで検討中の経験的枠組みの変化を見ていかなくてはなりません。

機能的アプローチの危険の例をみことばから見て、その聖書的代替を挙げましょう。マタイの福音書3章16節から4章4節まで、イエスの公生涯の始まりの部分です。

イエスはバプテスマを受けて、すぐに水から上がられた。すると見よ、天が開け、神の御霊が鳩のようにご自分の上に降って来られるのをご覧になった。そして、見よ、天から声があり、こう告げた。「これはわたしの愛する子、わたしはこれを喜ぶ。」それからイエスは、悪魔の試みを受けるために、御霊に導かれて荒野に上って行かれた。そして、四十日四十夜、断食をし、その後で空腹を覚えられた。すると、試みる者が近づいて来て言った。「あなたが神の子なら、この石がパンになるように命じなさい。」イエスは答えられた。「『人はパンだけで生きるのではなく、神の口から出る一つ一つのことばで生きる』と書いてある。」

ここで、イエスの洗礼には二つの要素が含まれます。一つは力を与えられたということです。イエスは聖霊の油注ぎを通してミニストリーのための力を与えられました。この出来事以前に、人間としてのイエスが聖霊とどのような関係を持っていたのか、その神学的側面を調べることは私たちの範囲外です。しかし、少なくともこの時点で、イエスは神の霊によって力を与えられたことがはっきりとわかります。

もう一つの要素は、イエスの召命です。イエスは「あなたはわたしの子」と語る天からの声を通して召命を受け取ります。ここでも、この瞬間以前の人間としてのイエスと神の関係についての神学的問いは、私たちの範囲外です。しかしここでも、この出来事の中に、地上でのいのちにおいて自分は神の子として召されている、というイエスのはっきりとした自覚がわかります。

イエスが受けた誘惑は、力を与えられることと召命に直接的につながっています。この出来事から、誘惑について新しい洞察が得られるでしょう。誘惑とは外側からやってくるもの、キリストにあるいのちにとって異質で外的なものだと考えがちです。しかしそうではありません。誘惑は、神との関係の、まさにその中心においてやってくるのです。それは、自分の目的のために神との関係を台無しにする、という誘惑です。イエスの誘惑は、力と召命を受けたことからやってきました。力を与えられたことにより、彼に力を与えたまさにその御霊が、彼を試みにあわせるために荒野に導き出したのです。しばらく、このことをよく考えてみてください！　試みの本質は、召命に焦点を合わせます。サタンが「あなたが神の子なら」とイエスを試みていることに注目してください。「あなたはわたしの子」、それがイエスの召命です。そこで、誘惑は力を与えられることと召命の両方を一つにすることがわかります。

イエスは与えられた力を使って自らの召しを証明するよう誘惑されました。神の子であることを証明するような何かをするために、御霊の力を用いるよう誘惑されたのです。自分の役割を肯定することがイエスの誘惑でした。自分のアイデンティティー、価値、意味、目的を、機能的アプローチによって肯定するという誘惑です。自分が何者であるかを、何かを行うことによって証明するよう誘惑されたのです。これはハイテク文化の機能性中心社会において私たちが日々体験する誘惑です。

イエスの返答を考えてみましょう。「人はパンだけで生きるのではない」。もちろんパンは必要です。しかし、「パンだけで」生きるのではありません。イエスは人が存在するためのより深い文脈を指し示します。人間は「神の口から出る一つ一つのことばで」生きるのです。イエスは機能的な誘惑に対して、関係的ないのちの現実を指し示すことによって応答しました。神の目的に焦点が合わされます。神の行動が中心になります。機能的ダイナミックが、その状況に対して神が語られたことばへの応答になります。

イエスの「人はパンだけで生きるのではなく、神の口から出る一つ一つのことばで生きる」という応答は、申命記8章3節からの引用でした。申命記のこの章をじっくりと見たことがありますか。興味深いことに、ここは人間生活の機能的側面と関係的側面の対立を際立たせている箇所です。

申命記8章は、出だしはとても機能的に見えます。「私が今日あなたに命じるすべての命令を、あなたがたは守り行わなければならない。そうすれば、あなたがたは生きて数を増やし、主があなたがたの父祖たちに誓われた地に入って、それを所有することができる」（8・1）。この文言は、いかにも機能的側面の話をしているように見えます。「これをしなさい、そうすれば特定の結果が得られるでしょう」。しかしその直後に、焦点は関係的なものになります。「あなたの神、主がこの四十年の間、荒野であなたを歩ませられたすべての道を覚えていなければならない。それは、あなたを苦しめて、あなたを試し、あなたがその命令を守るかどうか、あなたの心のうちにあるものを知るためであった。それで主はあなたを苦しめ、飢えさせて、あなたも知らず、あなたの父祖たちも知らなかったマナを食べさせてくださった」(8・2－3)。

そして、イスラエルの民がしたことではなく、神がなさったことについて述べます。神は彼らを関係的モードの人生へと導いておられるのです。

あなたの神、主があなたを良い地に導き入れようとしておられるからである。そこは、谷間と山に湧き出る水の流れや、泉と深い淵のある地、小麦、大麦、ぶどう、いちじく、ざくろのある地、オリーブ油と蜜のある地である。そこは、あなたが不自由なくパンを食べ、何一つ足りないものがない地であり、そこの石は鉄で、その山々からは銅を掘り出すことのできる地である。あなたが食べて満ち足りたとき、主がお与えくださった良い地について、あなたの神、主をほめたたえなければならない。(8・7－10)

イスラエル人のいのちと幸福は神の行いの結果であり、彼らの行いによるのではありません。イスラエル人と神との関係の結果であり、彼らの機能的行動によるのではありません。それから、この章の真ん中あたりでの変化を見てください。「気をつけなさい。私が今日あなたに命じる、主の命令と主の定めと主の掟《おきて》を守らず、あなたの神、主を忘れることがないように」（8・11）。主の命令と、主の定めと、主の掟とを守らないことによって、関係の焦点を失うことがないようにという警告です。その関係からは、機能的な活動は自然となくなります。それから、最後に再び機能性へと焦点が移動します。「あなたが食べて満ち足り、立派な家を建てて住み、あなたの牛や羊の群れが増え、銀や金が増し、あなたの所有物がみな豊かになって、……あなたは心のうちで、『私の力、私の手の力がこの富を築き上げたのだ』と言わないように気をつけなさい」（8・12－13、17）。

ここで対比されているのは、神への従順（関係性）から来るいのちの維持と、機能的な自分の努力の結果です。後者は自らいのちを維持しようと努力したり、そのように維持できるのは自分の努力の賜物だと見なしたりします。

この対比を説明する上記の聖書箇所をもとに、イエスは誘惑にどう対応するかを決めました。つまり、私たちは機能的な活動だけで生きるのではなく、神との関係によって生きるのです。

みことばに見られる機能性と関係性の現実

イエスは、私たちは「神の口から出る一つ一つのことばで」生きるとはっきり述べました。このイエスのことばこそ、本書で私たちが行おうとしていることの焦点です。神のことばによって形造られてこそ、真のいのちと完全さ《ホールネス》を得るのです。しかし、この「形造る」とは、私たちが自分の努力で行うもの（機能性）ではありません。それは、愛のある、応答する用意のできた、心開かれた関係が神との間にあるときに、神が私たちの内になしてくださることです。みことばとは、自分のいのちを神のかたちに似せるために私たちが用いるもの（機能性）ではありません。そうではなく、混乱した私たちという「言葉」を、神がこの世界に向かって発した言葉へと変容する（関係性）ために、神が用いるものです。みことばが私たちの生活の中でそのような神の道具となるためには、みことばへのアプローチを機能的なものから関係的なものへと変えなければなりません。

ここで、「情報」対「形成」について考えたときと同じように、機能性と関係性の現実は互いに相反するものではないことに注意してください。片方が善で片方が悪ではありません。ここでの懸念は、優先されるべきは機能性ではなく関係性なのに、私たちの文化ではそれが逆転していることです。だからこの二つの相互関係の問題に注意を払う、ということです。私たちの文化は、機能的な活動の中から関係的な活動が流れ出すと考える傾向があります。しかし聖書的な、つまりカイロス的な視点では、私たちの生活のうちに表れる関係性についての現実、特に神との関係から、機能的活動が流れ出るのでなくてはなりません。

この関係性についての現実は、山上の説教の終わりの部分で見事に表現されています。マタイの福音書7章21節で、イエスは「わたしに向かって、『主よ、主よ』と言う者がみな天の御国に入るのではない」と言っています。驚くことに、イエスと関係さえあれば救われるわけではないと言っているかのようです。「わたしに向かって、『主よ、主よ』と言う者がみな天の御国に入るのではなく、天におられるわたしの父のみこころを行なう者が入るのです」（21節）。イエスはここで、弟子であるとは神のみこころを行うことだけにかかっている、機能的なものだと言っているかのようです。しかし、続けて言います。「その日には多くの者がわたしに言うでしょう。『主よ、主よ（関係を主張している）。私たちはあなたの名によって預言し、あなたの名によって悪霊を追い出し、あなたの名によって多くの奇蹟を行ったではありませんか』」（22節）。クリスチャン生活を機能的にうまく行うとは、まさにこのことでしょう！　これらの人たちは、クリスチャン生活の機能的側面を最大限にまで発達させたのです。第三者の目から見たら、彼らは紛れもない「スーパークリスチャン」だったでしょう。しかし、イエスの反応を見てみましょう。「わたしはおまえたちを全く知らない。不法を行う者たち、わたしから離れて行け」（23節）。

「わたしはあなたがたを全く知らない！」イエスは関係性を機能性の基礎にしています。そうすることで、イエスは「不法を行う者（evil-doer）」と「不法を行うこと（doing evil）」という、重要な区別をしています。「不法を行うこと」とは、神の目的の反対を行うことです。しかし「不法を行う者」とは、神の目的と調和すること（イエスの名によって預言し、悪霊を追い出し、奇跡をなすなど）を、神との関係を持たずに行うことです。自分自身の力によって、自分自身の知恵によって、自分自身の時間枠で、自分自身の計画に従って、神の目的を達成しようとすることです。この視点が中心になると、それが機能的モードの本質となります。イエスが言及したこれらの人たちは、素晴らしいことを行っていました。素晴らしい「宗教的」なことを行っていたのです。機能的には完璧でした。しかし、彼らが行っていたことは、神との関係から流れ出るものではありませんでした。彼らは、神の口から出る一つ一つのことばで生きるよりも、パンのみで生きることを求めていたのです。

私たちの霊的形成への影響

霊的修練は、神との関係の中から現われ出てくるものでなければなりません。そうでなければ、歪んだ偽りの自己から私たちを自由にし、キリストの似姿へと私たちを形造る恵みの手段にはなりません。霊的修練が神との関係から出てきたものでないなら、まず何が起こるでしょうか。その修練は、行いによる義の手段になるでしょう。それは、すぐにはそうとはわからないものの、非常に破壊的です。自力で自分をキリストの似姿に変えようとしたり、神からの恵みを得ようとしたりするための手段です。そうなると、みことばは規則集か、願う結果を達成するために守らねばならないもののリストになります。

それだけではありません。神との関係でさえも、認識と行動の固着した構造になり得ます。それは、生活の中にある問題を自分でコントロールしているという幻想を生んだり、果ては自分の目的のために神を「コントロール」すること（機能的ダイナミックの典型例）へとつながりかねません。そうなると、生活と「信仰」のすべてが、神のかたちに造られた私たちの真の自己にとって致命的な偽りの構造となるばかりか、私たちの自己理解や神への意識を暗くし、神や自分についての真実を見ることができなくなってしまいます。その機能的側面は、神との純粋な関係にとって破壊的な障害物となります。神との純粋な関係はいつでも、私たちをいのちへと招くような神との出会いから始まります。そしてその出会いとは、偽りの自己の硬直した構造、特に宗教的なそれと対決することでもたらされる、偽りの自己の死を通してやってくるのです。

そのような変容をもたらす出会いは、何よりもみことばを通してやってきます。しかしみことばが、自己変容や神から恵みを得るための「規則集」や、神と形だけの関係を築くための単なる道具になり、そうやって神を「コントロール」する立場に自分を固定することになるなら、それは起こりません。変容は、みことばが神との出会いの場所となるときに起こります。偽りの自己とその計画を手放し、自らを無条件に神に開け放ち、神が願うことに愛による応答をしたいとの飢え渇きを持ってみことばに向き合うとき、それは起こるのです。

そこで、霊的形成において最初の問いであり、問い続けるべきものはこれです。「私は機能性に基づいて動いているだろうか、それとも関係性に基づいて動いているだろうか。神や、神が私に願っているだろうと自分が思うものに、なんとかして近づこうと努力しているのだろうか。それとも、神に敏感に応答し、神が私たちを純粋な霊的形成へと引き寄せてくださることに自らを委ねているだろうか。神にもっと近づくための手段としてみことばを使っているのだろうか。それとも、心を開き、柔らかくし、神に敏感に応答するつもりでみことばに向かっているだろうか。神が私たちに願っている姿になるために必要な、機能的活動のスケジュールとしてみことばを読んでいるのだろうか。それとも、みことばを通して神が言われることに自らを委ね、従い、それによって神との関係から私たちの機能的活動が流れ出ているのだろうか。神にもっと近づくためのテクニックや方法を求めてみことばに向かっているのだろうか。それとも、へりくだって神の臨在の前に膝を屈め、神に語っていただき、それから語られたことに従順に従っているだろうか。神との関係の中に入っていくために機能しようとしているだろうか。それとも、神との関係の中から機能することを求めているだろうか？」

お勧めしたいことがあります。今日、あなたが一人になれる時間に、あなたの静かなひとときに、神の御前で静まるために三〇分ほど時間を取ってみてください。そして神との関係について、またあなたという存在の中心に触れるような何かについて、神があなたに語りたいと思っておられることを何でも語っていただきましょう。神にあなたを調べていただくのです。あなたのクリスチャン生活は何を基盤にしているでしょうか。機能性でしょうか、関係性でしょうか。

第九章
在り方《ビーイング》と行い《ドゥーイング》

ここで、あなたの生活、あなたの意識、神の御前におけるあなたの立ち位置に思いを巡らせるため、少し時間をとっていただけますか。この章で神があなたになさりたいと思っておられることに、自分を開いてみてください。

全能の神よ、ここまで私たちに、自分自身を振り返る機会と新しい課題を与えてくださったことを感謝します。自分という人間の中で安全で確実だと思っていた部分に割け目を入れ、いのちの新たな深みや新たな領域、そしてあなたから来る完全《ホールネス》さに、私たちの思いを向けさせてくださってありがとうございます。私たちを変容するあなたの御手に、さらに自分を開くための次なる機会を感謝します。ああ、神よ、どうか助けてください。私たちの生活の中で、あなたが願っておられることに自分を委ねることができますように。自分という存在の中心において、あなたに「はい」と言うことができますように。イエス様の御名によって祈ります。アーメン。

全人的な霊的形成を体験するためには、焦点を移す必要のある経験的要因がいくつかあります。ここでその第二の領域を考慮したいと思います。それは、在り方《ビーイング》と行い《ドゥーイング》という要因です。もちろん、「在り方 - 行い」と、前章で見た「機能性 - 関係性」の二つの側面の間には、近い相関関係があります。しかし、「在り方 - 行い」には、さらに深い次元が含まれます。私という人間の深みを探る次元です。「機能性 - 関係性」は、自分は何者かといった内側を探られるようなことを考慮する必要はありません。しかし「在り方 - 行い」は、自分は何者かという内なる要素を理解しなくてはなりません。

在り方と行いについての聖書的観点

在り方と行いについて、新約聖書が最も鋭く焦点を合わせている箇所の一つは、マタイの福音書23章25－28節でしょう。そこではイエスは、「行い」の外見と「在り方」の内なる現実を力強く区別しています。

> わざわいだ、偽善の律法学者、パリサイ人。おまえたちは杯や皿の外側はきよめるが、内側は強欲と放縦で満ちている。目の見えないパリサイ人。まず、杯の内側をきよめよ。そうすれば外側もきよくなる。わざわいだ。偽善の律法学者、パリサイ人。おまえたちは白く塗っ

た墓のようなものだ。外側は美しく見えても、内側は死人の骨やあらゆる汚れでいっぱいだ。同じように、おまえたちも外側は人に正しく見えても、内側は偽善と不法でいっぱいだ。

パリサイ人の根本的な問題は、単に神との関係に機能的アプローチを用いたことではありません。問題は、「行い」があれば神の望む「在り方」の質も保証されるだろうという考えにあります。パリサイ人は、神との正しい関係を持つために「行い」を強調したばかりか、神が望んでおられる「在り方」に到達する手段として「行い」を強調したのです。ピリピ人への手紙3章4－6節にあるパリサイ人としてのパウロの「行い」の羅列を見てみましょう。彼は「律法による義については非難されるところがない者です」と言っています。

残念なことに、宗教共同体の中で私たちはパリサイ人とたいして変わりません。私たちもまた、さまざまな「しなければならない」と「してはならない」のリストを作ります。「これであなたたちクリスチャンになったのだから」「これであなたも新しく生まれたのだから」（あるいはどういう言い方をするにせよ）「これからは□□をしてはいけません。代わりに○○をしなさい」。新しくクリスチャンになった人たちに「すべきことと、すべきでないこと」のリストを渡し、「良いクリスチャンになりたければ、これらのすべきことをして、すべきでないことをしてはいけません。そうしないと、困ったことになりますよ」と言うのです。

機能をもとにしたこのような指導の問題は、真剣に、誠実に、丁寧に、本気でこれらの「すべきことと、すべきでないこと」のリストを実践しようと試みるなら、それは不可能だとただちに気づくことにあります。このフラストレーションは、パウロがローマ人への手紙7章15－25節で葛藤していることではないかと私は考えます。第四章ですでに見たように、この箇所については聖書学者の間でも大きく意見が分かれます。これはパウロがクリスチャンになる前のことだと主張する人たちもいます。しかし、パウロがここで述べているようなことは、キリストを信じた後も経験があると、ほとんどの人は同意するのではないでしょうか。良いことをしたいのに、パウロのように、自分が最もしたくないと思っていることをしてしまうのです。神が発せられた私たちという「言葉」にふさわしいことをしたいと願うのですが、私たちの歪んだ言葉がなおも大きな声をあげるのです。私は本当にみじめな人間です、だれが私を救い出してくれるのでしょうか？（ローマ7・24）この厳しい現実は、私たちの注意を、「何をするか」ではなく「どう在るか」に向けさせます。私たちの失敗は、「行い」レベルの問題ではなさそうだと感じます。パウロが言ったように、キリストの弟子として行いたいと思っていることを「行う」ことを妨げる（ローマ7・23参照）何かが自分の内側の奥深くにあるという、もう一つの現実があるのです。

イエスは「在り方」と「行い」をどう見ているか

イエスの「最も大切な戒め」は、在り方と行いを本来あるべき関係に置きます。何が第一の戒めかと聞かれたとき、イエスはこう答えました。「心（heart）を尽くし、いのち（soul）を尽くし、知性（mind）を尽くし、力（strength）を尽くして、あなたの神、主を愛しなさい」（マルコ12・30）。ここでイエスは、私たちにいくつかの洞察を与えてくれます。それはどれも、在り方と行いの関係にかかわるものです。情報中心‐形成中心の場合や、機能性‐関係性の場合と同じように、ここでも「在り方」がすべてで「行い」は無意味だと言っているのではないことを強調したいと思います。私たちの霊的形成は、在り方と行いのバランスの問題です。しかし焦点、主要な要素は、「在り方」にあります。「最も大切な戒め」にはそれが示されています。

イエスは私たち一人ひとりを、「心を尽くし、いのちを尽くし、知性を尽くし、力を尽くして、あなたの神である主を愛」するように招いています。ここで、イエスのことばを後ろから見ていきましょう。力を尽くして神を愛するとはどういうことでしょうか。この「力」とは、聖書的に言うと、あなたのライフスタイルです。あなたの行動です。他者との関係において、また人生における出来事や状況にあなたが応答するとき、あなたがどういう人間であるかが外側に現れます。ですから、力を尽くして神を愛するとは、あなたの生活を神の基準に合わせるよう求めること、あるいは、これが神の基準だと誰かがあなたに教えるもの（つまり、すべきことと、すべきでないことのリスト）に合わせることです。私たちは、神を愛する者がすべきことを行うことで、力を尽くして神を愛します。

たとえば、「すべきこと」のリストを作っているときに、私たちは敵を愛するべきだと気づくとします。これをリストに入れるまでに時間がかかるかもしれませんが、つべこべ言うわけにはいきません。良いクリスチャンとして力を尽くして神を愛したいと願うなら、「あなたの敵を愛しなさい」を「すべきこと」のリストに入れます。もちろん、私が愛さねばならない敵ほどひどい敵のいる人なんて、ほかにいないでしょう！　あの怒りっぽい隣人、あのひどく気に障る同僚、あの耐え難い上司、あの腹立たしい教会員。しかしそんな彼らのことも愛さねばなりません。そこで彼らを「愛し」始めます。彼らのそばにいるときは、なるべくニコニコします。彼らの前でもだんだん「ハッピー」でいられるようになってきます。柔らかく話すようになり、彼らの「たわごと」にも忍耐強く耳を傾けるようになってきます。彼らを「愛して」います。しかし、その間中、心の中ではずっと考えています。「ああ、この人と二度と会わずにすめばいいのに！」そのような内なる考えは、先に知性を尽くして愛するのでなければ、力を尽くして愛することはできないことを示しています。要するに、ライフスタイルとは私たちの世界観、すなわち私たちの認識の枠組み全体が外に現れたものなのです。ですから、力を尽くして神を愛したいのであれば、本当に「すべきことを行い、すべきでないことはしない」のであれば、まず知性を尽くして神を愛さなければなりません。

そこで、今度は知性を尽くして神を愛そうとし始めます。教理をしっかり学び、要点を一つずつ押さえていきます。細部にいたるまで丁寧に、漏れのないようにしっかり学びます。前後関係も文脈も間違えません。できる限り正しく正統的な聖書的理解を持つべく精進します。「すべてのはかりごとを取り押さえて、キリストに服従させ」（Ⅱコリント10・5）ます。「敵」に対して愛情深い考えや態度を持とうと努力します。自分たちの神学を徹底的に理解します。しかし知性を尽くし、力を尽くして果敢に神を愛そうとするものの、そのように神を愛することに反するような感情が、内側から湧いてくることがあると気づくのです。「敵」に対する感情、願望、衝動が、私たちの思考を反故にします。そして「すべきでないことをして」、なんらかの形で敵に対して食ってかかるのです。力を尽くし、知性を尽くして神を愛するためには、先にいのちを尽くして神を愛するようになる必要があると気づきます。

いのち［訳注：プシュケー、英訳聖書ではsoul（たましい）］とは、聖書的には意志的な性質を持ちます。しかし、ここでは簡素化した定義でも十分に要点を掴むことができます。「いのち」の次元は実際にはもっと広いものです。「意志」と置き換えてもよいでしょう。もちろん、「いのち」の次元は実際にはもっと広いものです。持っても、結局考えは変わっていない」という言い回しを聞いたことはありませんか？　これは古い格言で、私たちの知性は意志、つまりいのちによって支配されていることを実に正確に表現しています。ほかにも、「いくら事実を提示しても無駄だ。私の考えはすでに決まっている」という言い方もします。態度とは、頭で理解していることとまったく関係なく、意志の問題なのです。あなたが真実として受け入れないものについて、それは真実であると私があなた（の知性）を納得させることはできません。私たちの意志、つまりいのちが私たちの知性を決定し、さらにその知性が私たちの行動を決定するのです。そこで、「敵」に関しては、彼らを愛する「意志」を求めます。しかし、このように難しいことを行う「意志」を持とうとしても、つい自分のやり方、自分の時間、自分の都合に合わせて行おうとしがちだと気づいたことはありませんか？　実はもう一つ、進まねばならないレベルがあることがわかります。イエスは、心を尽くして神を愛するようにと私たちを招いておられます。

次のことに思いを巡らせてみてください。残りの一生をかけて、じっくりと考えてみてください！「自分の心を明け渡すことなしに、神の御心を行うという意志を持つことは可能である」。御心を行おうという意志を持つことはできるのです。しかし自分の方法で、自分の都合で、自分に合うように、自分に合った状況で行うという意志です。正直に、誠実に、神の御心を行うという意志を持ちつつ、しかし心は明け渡さない、ということは可能なのです。いのち、つまり意志の先にもう一つのレベルがあるのはそのためです。意志を行使する「私」がいるのです。

イエスが「最も大切な戒め」を「心」から始めているのはそのためです。心こそが、意志を持った存在であるあなた、意志を行使するあなたです。ですからどの状況でも、意志の最初の動きは、神のお心を求めると決めることでなければなりません。自分のコントロールを手放すことなしに、神の御心《みこころ》（神のご意志）を行おうとするだけでは不十分です。この世で徹底的に神に対して自分を明け渡すことを求めるのです。前述の「敵」の話で言えば、その「敵」のために自分の存在を神に委ね、神のために自分の存在をその「敵」に対して委ねることを意味します。このように自分を差し出すことが、イエスが「わたしのために自分のいのち〔訳注：プシュケー、英訳聖書ではself

（自己）」を失う、自分を否む、日々自分の十字架を負う……」と語ったときに意味していたことです。この次元において、私たちは歪んだ言葉である自分を捨て、他者のために神が発する言葉になるのです。

この、心（heart）- いのち（soul）の次元が、私たちの「行い」が流れ出す「在り方」の状態です。イエスは私たちに、心、いのち、知性、力の関係を表す霊的構造の図式を私たちに教えているだけではありません。私たちの在り方が流れ出る方向も表しています。イエスはこのようにも語っておらます。

> 外から入って、人を汚すことのできるものは何もありません。人の中から出て来るものが、人を汚すのです。……内側から、すなわち人の心の中から、悪い考えが出て来ます。淫らな行い、盗み、殺人、姦淫、貪欲、悪行、欺き、好色、ねたみ、ののしり、高慢、愚かさで、これらの悪は、みな内側から出て来て、人を汚すのです。（マルコ7・15、21－23）

私たちの行動は、結局のところ私たちの在り方から流れ出します。私たちが「すべきことを行い、すべきでないことは行わない」ことに困難を覚えるのはこのためです。私たちのクリスチャンとしての行いが、外から押し付けられたものである限り、内側の在り方から流れ出てくるダイナミクスによって、それはやがて必ず阻止されます。意志の中には自分という歪んだ言葉があります。

私たちが努力して行おうとしているどんな言葉を外側から押し付けようとも、内側の歪んだ言葉がそれを跳ねのけてしまうのです。

霊的形成とは私たちの在り方（being）がキリストのかたちに形造られることです。私たちという「言葉」が神のことばによって形造られることです。私たちの行い（doing）も確かにこのプロセスに含まれます。それについては、次の章で霊的修練について考察する際に取り上げます。

聖書的な神体験の性質

ここで、聖書的な神体験の六つの側面を挙げます。本書の先の二つのセクションで考慮してきたことをまとめ、それらのことが霊的形成におけるみことばの役割とどのように関わるのか、そのことに注意を向けるのに役立つでしょう。

第一に、聖書は神を、人間の出来事に深く重要な形で関わるお方として描いています。それも抽象的な関わり方や単に人間の存在理由としてではなく、割り込んでくる、押し入ってくる、妨害しにくるような形での関わり方です。歴史を通しての人類の生活の中に、また私たち個人の生活の中に、神のことばはそのど真ん中に入ってくるのです。

第二に、神のことばが妨害しにくるように思えるのは、私たちのものの見方に大きな欠陥があるためです。私たちは、この世界を徹底的に自分中心の枠組みで見る、偽りの自己になってしまいました。私たちは、神との関係や自分の実態と一致しない何らかの結果を出そうとして躍起になるか（機能的、行動的）、あるいは神との真の関係や真の自分の在り方に合致する結果を出そうとするものの、それを自分の努力によって成し遂げようとするかのどちらかです。このように、情報中心で機能的な行動重視モード優先で人生を送ることは、神のみこころよりも自分の意思を通したいという願いから出てくるものです。これは、偽りの自己の本質的な特性です。神のみこころを求めるなら、形成中心で関係的な在り方を重視し、それを私たちの霊的形成の第一の焦点にしなければなりません。

　第三に、割り込み、押し入ってくる神のことばは、私たちの存在の最も深い部分にまで浸透します。そして私たちのアイデンティティーの中心で（たとえそれが偽りのアイデンテイティーであっても）私たちに語りかけます。私たちはこれまで自由というものを誤用し、偽りの自己という破壊的な束縛の中に自らを閉じ込めてきました。神のことばは、その自由の中で私たちと出会います。そして、偽りの自己を神に明け渡すことを通して、私たちを真の自由へと招きます。偽りの自己を失うことを通して、真のアイデンティティーを呼び覚ましてくれるのです。自分の存在の内なる耳をもって、そのことばを聴くことを学ばなければなりません。神のことばの呼びかけは、私たちの「在り方」が形造られるためには形成中心の関係的モードが必要であることを明らかにします。それは特に、習慣的に行われる表面的で情報中心モードでの「聞くこと」とは対照的です。

第四に、生きた生産力のある神のことばとの出会いは、私たちを動揺させます。そのような出会いを通して、私たちは全能の力に何も考えずに従うことが期待される奴隷ではないことが明らかにされます。むしろ、神の自由に対して応答するかどうかは、いつでも私たちの自由なのです。この自由は契約関係の本質です。神は私たちに向かってご自身を開かれ、私たちもそれに応答して自らを差し出します。しかし、このやりとりは何よりも関係レベルでなされることです。機能レベルではありません。存在のレベルであって、行いのレベルではありません。そしてその関係の中での存在の本質は、形成であって情報ではないのです。

第五に、新約聖書は古い契約の完成をイエスのうちに明らかにします。古い契約の完成とは、預言者を通しての約束の成就です。神の律法は恣意的に押しつけられた外的構造ではなく、神との愛に満ちた関係での人間の健全な姿を表す深い現実である、という約束です。律法は機能と行いの原動力になってしまいました。しかし神との愛に満ちた関係は、そこからの解放です。神との正しい関係は、律法の要求を満たすことによって得られるものになってしまいました。しかし今や、律法の公正な要求はもはや肉によって生きること（律法に従うことで神との関係を獲得しようとする）で達成されるのではなく、御霊によって（愛の関係から溢れ出る従順によって）達成されるのです（ローマ8・4）。

第六に、新約聖書は人となったことば（ヨハネ1・14）を明らかにします。神は人間の生活の中に完全に入ってこられました。神と人間の関係は、遠く離れた神が律法的な要求をすることによって構築されるのではなく、人の深い部分における人格的で親密なつながりによって構築されます。神のことばは、人の罪、神からの疎外、自分の真の自己からの疎外の中心に向かって「語りかける」のです。神のことばは、赦し、和解、変容を「語り」ます。何らかの法的な行動によって語るのではなく、死と復活において神を知るようにと私たちに呼びかけることによって語ります。それは、関係というものの最も深遠な現実です。しかしこれは、偽りの自己（情報中心の機能的な行いによって特徴づけられる人生）を死に渡すものでもあります。真の自己の特徴は、形成中心で関係重視の在り方を優先することです。それは、カイロス的存在によるいのち、神のことばによって形造られるいのち、他者の人生の中に在るようにと神が発せられた言葉へと、ますます変えられていくいのちです。

みことばが変容をもたらす神との出会いの場所になるためには、次のことを認識してみことばに臨まなければなりません。神のことばは、私たちの中で最もキリストからかけ離れている部分、すなわち私たちの偽りの自己を探ります。とはいえ、単に私たちの状態を知らせたり（情報中心）、変わらなければならない部分のリストを差し出したり（機能性重視）するのではありません。みことばは、自らを根底から神に明け渡し（関係性重視）、キリストのかたちに形造られるようにと（形成中心）私たちを招くのです。

みことばを行動レベルで情報中心、機能的に読んでいる限りは、それが私たちの人生の奥まで届き、私たちの姿を露わにするような力を持つことは決してありません。情報中心、機能的、行動重視のモードでみことばに接するなら、神のことばが私たちにもたらす気づきや開示からどうしても隔絶され、そこに近寄れなくなります。そういうものなのです。私たちという言葉の劣化した性質の問題は「私たち自身」なのだという事実に、誰も直面したくありません。自分の中にある矛盾や根本的分裂を認めたくないのです。みことばが生きた神のことばとなるには、形成中心、関係性重視の「在り方」によるアプローチでみことばと向き合うしかありません。私たちは自分自身が障害となって、神がこの世に向かって発しておられる言葉になれずにいます。神のことばは、そんな私たちのいのちの深みにまで浸透するのです。

最後に、歪んだ「言葉」(すなわち偽りの自己)を自分の人生の座標軸としてそれにしがみつくなら、情報中心で機能的な行動モードに自らを自動的に閉じ込めることになります。私たちは自分で生み出した構造物になってしまいます。それは空洞の殻です。偽りの自己による架空の自分を維持し促進し、その見せかけを暴露しかねない人や物事から自分を守ることにほとんどの努力を費やす、空っぽの見せかけです。それこそが機能モードの最も破壊的な点、行動モードの最も悪質な点なのです。

人間文化の価値と視点は、この見せかけを支えるだけではありません。その空洞化した在り方、偽りの自己からなる文化の虚偽性を暴露しかねないものは、すべて妨害します。霊的形成を求めると、自分が一端を担っているこの社会の病の表出である自分自身の在り方の現実に突き当たります。私たちを歪め、神が発した私たちという言葉を変形させるこれらのものの前で、私たちは形造られなければなりません。

ここで霊的形成の中心点にやってきます。人間は文化に適応していく存在なので、認知的、経験的モードの在り方へと向かう傾向があります。それは、「完全な存在になるためには、単に今よりもっと多くを持てばいい、そうすれば自分の行きたい地点に行ける」という原則に則っています。もっと多くの情報、もっと多くのテクニック、もっと多くの「行い」を得るなら、より高次の完全さに到達できるだろうと考えるのです。今いる場所から自分が到達したいと願っている場所へ、面倒や痛みや苦しみが最も少ない方法で連れていってくれるような、さらなる情報、さらなるテクニック、さらなる霊的形成の方法を探ろうとします。私たちは新約聖書の「いのち」の側面をあまりにも強調してきたため、「死」の側面を直視することを避けてきました。福音では、いのち（Life）は死から生まれるものであり、命（life）から生まれるものではないという事実を避けてきたのです。私たちは自分の在り方を支えていた古い基準に死ぬ必要があります。自分の在り方のうちにある壊れた部分を放棄する必要があります。自分という存在を歪め、捻じ曲げたものたちを手放す必要があります。しかし命からいのちを生み出そうと試みることは、それらの必要から逃げようとすることです。情報中心、機能性重視の「行い」に強調を置くことは、命からいのちを生み出そうとするのと同じです。しかし、形成中心、関係性重視の「在り方」は、神によって私たちを死へ導いていただくことを可能にします。いのちはそこから現れるのです。神のみことばに、私たちの人生に割り込んでくる生ける神のことばになってもらいたいでしょうか。

みことばを通して、私たちの在り方を神のことばによって取り扱っていただきたいでしょうか。みことばを通して、神のことばと霊的変容をもたらす出会いをしたいでしょうか。もしそうであるなら、私たちの「在り方‐行い」のモードや「機能性重視‐関係性重視」のモードを根底から覆す、大胆な認識の変更が必要です。

ここまで土台を築いてきたので、これからいよいよ、霊的形成におけるみことばの役割を見ていきましょう。

第四部
霊的形成におけるみことばの力

第十章
殻を破る

ここまで、霊的形成におけるみことばのいくつか側面を見てきました。みことばは神のことばの媒体です。神がこの世界に向かって発せられた「私たち」という言葉を形造ります。そのつもりで、形造られることを求めてみことばに向かわなくてはなりません。そのとき初めて、みことばはイコン、つまり「現実」への入り口になります。それは私たちという欠陥のある言葉をカイロス的な在り方に招き、神がこの世界に向かって発した言葉になっていくことを可能にします。また、みことばは関係性重視の在り方レベルで最も集中的に私たちに語りかけます。私たちの生活の機能性や行動はそこから現れます。

これまでの章を通して、これらの概念の少なくともいくらかは、あなたの理解と体験に刻み込まれたことを願います。あなた自身の霊的形成におけるみことばの役割を、まったく新しい視点から、あるいは少なくとも新しい視点の可能性を持って、見るようになってきていることを願います。

ようやく霊的形成におけるみことばの役割を検討するところまできましたが、その前に、霊的形成の三つの側面に言及しておきます。一つめは「殻を破る」、二つめは霊的修練、三つめは成長を促すことです。

殻を破る

霊的形成の最初の側面は、「殻を破る」と私が呼ぶものです。スコットランドの偉大な小説家であり、詩人でもあるジョージ・マクドナルドは、C・S・ルイスの回心に重要な役割を果たした人物です。そのマクドナルドは、『古いたましいの日記』という本にこう記しています。

私の命は朝ごとに、私にこびりつく自己の殻を
新たに砕かなくてはならない
あなたの霊である風が吹き付けて
私の中から暗闇を払い落としますように
そして悪魔である蜘蛛が肉から吐き出してつむぐ
網目を引きちぎりますように
悪魔はたましいが目覚める前にそれを捕らえ
怠惰にして、蛇の声に耳を傾けさせよう通しているから[23]

私たちは、習慣や態度や認識、個人また集団としての関係のダイナミクス、この世界に対する反応や応答のパターンという複雑な構造を建て上げ、それを維持し、守ります。そしてこの複雑な構造を用いて人生に対処します。しかしこの構造は、どんどん分厚くなっていく「偽りの自己」という殻にもなります。それは私たちを縛り、拘束します。神が発せられた私たちという言葉を劣下させます。健全な成長は阻《はば》まれ、私たちが生ける神のことばによって形造られることを邪魔します。

この「自己の殻」のせいで、私たちは文化によって深く刻み込まれた人生の認知的・経験的側面に焦点を合わせるようになりました。そういった認知的・経験的要素が「自己の殻」のおもな構成要素です。もし私たちが自分のことを「神が発した言葉」以下に見なしているなら、その自己イメージは自ら作り上げた仮面であり、すなわち自己の殻、偽りの自己です。

この偽りの自己は、自分の体裁を保つために世界から距離を取り、情報中心で機能的なダイナミクスを用いて世界を操作しようとします。この世界で私たちと出会い、私たちを形造り変容してくださる神の臨在に対して、オープンで柔軟であろうとしません。この偽りの自己は、みことばを情報中心のアプローチで扱い、自分の仮面、特に宗教的な体裁を維持し支えるために、みことばを機能的に活用しようとします。みことばを通して私たちと出会ってくださる、生きていて浸透してくる神のことばに対してオープンであろうとはしません。

真の自己と完全《ホールネス》さは「キリストのうちに存在する（キリストにある、being in Christ)」という神の新しい秩序を基盤にしますが、偽りの自己はそれを受け入れることを拒み、自己完結的な世界に住みます。そこでは「行うこと（doings)」が自分の体裁を保ち、コントロールする手段となります。私たちの文化や生活に蔓延する情報中心で機能的な行動モードは、自己の殻を発達させ、維持し、大切に守ります。こういった要素は、人生を自分の方法で仕切ることを可能にするのに特に適しているからです。これらを用いると、自分のやり方で人生をコントロールし、統制することが容易になります。

私たちはこの「自己の殻」の奴隷になっています。しかし私は、人生における神の恵みの主要な働きは、この破壊的な隷属状態から私たちを自由にすることなのだと理解するに至りました。神はそうやって私たちを完全にしてくださるのです。まったく新しい習慣、態度、認識の構造、まったく新しい個人また集団としての関係的ダイナミクスの構造、この世界に対するまったく新しい反応や応答のパターンの構造を、神は私たちのうちに造り出そうとしておられます。この新しい構造は、キリストに似た者へと変えられていく構造です。神は、殻を破ろうとしておられるのです。

この自己の殻に代わって聖書が提供するものは、すでに見てきました。私たちは神がこの世に向かって発した言葉であること、私たちという言葉は生ける神のことばによって完全な者へと形造られること、そして生ける神のことばは特に聖書のことばを通して私たちに出会ってくださることを、すでに見出しました。みことばは図像的であることも見ました。認知と経験の窓を、キリストにある存在という神の新しい秩序、すなわちカイロス的存在に向けて開くのです。聖書が差し出すこれらのものはどれも、自己の殻を破るのを助けてくれます。

自己の殻がどのように運用されるのかも見てきました。自己の殻は、その体裁を維持し守るために情報中心、機能的、行動重視であることに焦点を置きます。それは非常に破壊的で、私たちを歪め、劣化させます。しかしすでに見てきたように、聖書の中に示される現実は関係中心で、形成的で、在り方重視であり、自己の殻の焦点とは逆方向に向かうのです。

霊的形成の中核にあるものは、自己の殻を破り、キリストのかたちをした新創造を生み出すプロセスです。私たちは歪んだ言葉になってしまいましたが、それを壊し、神がこの世界に向かって発してくださる言葉を生み出すプロセスです。そこで焦点となる問いは、「どのようにして？」です。どのようにしてその殻を破ればいいのでしょうか。あるいは、より正確に言うなら、どのようにして神にその殻を破っていただけばいいのでしょうか。どのようにしてキリストのかたちに変えられていけばいいのでしょうか。この過程において、どこまでが私たちの責任で、どこからが神の責任なのでしょうか。答えは、霊的形成において私たちが考慮すべき二つめの点、すなわち霊的修練です。

霊的修練[24]

霊的修練とは、カイロス的存在にとってきわめて重要なリズムの一つです。あなたの物の見方と体験において、霊的形成がより意識されるようになったことを願います。ここまでですべてを完璧に理解していただけたとは期待していません。しかし少なくとも、霊的形成とは情報中心ではなく形成中心の在り方と関係あること、そしてそれは神のことばによって私たちが形造られるプロセスであり、情報を得ることで自ら変化をもたらすものではないと気づいていただけたでしょうか。霊的形成とは機能的・行動志向ではなく、関係的・在り方志向だと気づいていただけたでしょうか。霊的形成とは、私たちの存在を形造る神との愛に満ちた関係であり、自己啓発のための方法やプログラム、テクニックではないのです。

霊的修練とは、愛による従順を神におささげすることです。私たちの生活における神の恵みの手段として、神の目的のために用いていただくようおささげするものです。神の願うように用いていただくつもりでささげるなら、私たちが行うどんなことも、すべてのことが霊的修練となり得ます。私たちの人生を通して、また人生の中で、それが何であれ、みこころのとおりに神に行っていただくための手段として私たちの「行い」を何度でもささげ続けるなら、「行い（doing）」は「在り方（being）」となります。

このように自己を差し出すことは、私たちの行為が機能中心になることから解放してくれます。

なぜなら、それはもはや自分を良くするためや、神や他者を感心させようとして行うことではなくなるからです。その行為は霊的修練、すなわち神が願うように用いていただくために私たちがおささげするものとなります。実際、純粋な霊的修練は自己を神にささげることを伴うものです。偽りの自己は、自分の計画や願いにしたがって自らを変容しようとして修練を「行う」でしょう。しかし純粋な霊的修練においては、その偽りの自己が捨て去られるのです。コントロールが神に明け渡されるのです。

あなたが霊的修練を行っているかどうかを知るためのリトマス検査をお分かちしましょう。あなたは、修練として何かを喜んで神にささげることができますか？　神が願うことを（それが何であれ）あなたの人生の中で行っていただくために、その行為を毎日、何週間、何か月、何年も、ひたすらささげ続けることができますか？　しかも、神はそれを用いてまったく何もしないかもしれません。それでも喜んでささげることができるなら（慌てて答えないでください）、あなたが行っていることは霊的修練です。その修練は、霊的形成を歪めたものにしがちな、私たちの文化のダイナミクスやそれが生み出す偽りの自己のすべての中核まで切り込んでくるでしょう。

第三章でも簡単に触れましたが、私たちの文化のもう一つの有害な側面は、即時に得られる満足を強調することです。投資をしたら、すぐに利益を得たいのです。コインを自動販売機に入れたら、コインの落ちる音が消える前に取り出し口から商品が出てくることを期待するのです。そしてすぐに出てこなければ、販売機をたたくのです。霊的修練においても、比喩的にですが、どれだけ同じことをしているでしょうか。修練をコイン投入口に入れ、祝福がただちに与えられることを期待します。それがすぐに与えられないと、神を「たたき」始めるのです。私たちの「忠実さ」に対する神の責任を、神に思い起こさせようとします。「修練」を行うことで私たちの分は果たしたのだから、今度は神が責任を果たす番だと要求するのです。何の反応も得られないと、その「修練」をやめてしまいます。そして別の「修練」をやってみます。別の人、別のグループ、別の本に、自分の霊的メンターになってもらおうとします。しかしそれは、霊的投資に対して即時の利益を得ようとする無駄な試みです。これもまた、偽りの自己の霊性です。

霊的修練は、クリスチャンの共同体の中でなされなくてはなりません。カイロス的存在のリズムとしての共同体について述べた箇所で言及したとおりです。私たちには支援と励ましが必要です。ときには、キリストにある兄弟姉妹からの愛ある叱責や矯正も必要です。その人たちは、霊的修練をやめたくなるような状況の中でも、諦めずに続けるよう助けてくれるのです[25]。

霊的同伴者、あるいは霊的形成グループが必要であるもう一つの理由は、私たちが神にささげる修練が、必ずしも神が私たちにささげてほしいと願っている修練ではないかもしれないからです。第七章で述べたように、私たちは自分がほとんど変わらないですむような霊的修練を取り入れがちです。多くの場合、自分ではこの自己欺瞞を見極めることができません。私たちには、オープンで、よく応答してくれ、受け取ってくれ、私たちのために神の道具となってくれるほどに十分に愛のある信仰の兄弟姉妹たちや霊的同伴者の知恵が必要です。

ここで疑問が湧いてきます。間違った霊的修練や、悪い霊的修練というものはあるのでしょうか。ある意味では、どんなことでも霊的修練になり得ます。実際、あなたが何かを神にささげることにし、その修練を毎日変わりなく神にささげ続け、それでも神がそれを用いないことをお選びになるならば、それは本物の霊的形成が起こる、あなたにとって最も奥深い場所となるでしょう。無条件の信頼を形成するかもしれないし、大胆に神に自分を明け渡す修練になるかもしれません。あなたがささげるものを神が用いないことをお選びになるときも、神を讃え、神がそれを用いないことを承知の上でささげ続けましょう。あなたは神に何の要求もしません。自らをただ神がなさるままに委ねるのです。

たとえ神が求めていない修練をささげるとしても、それが神を操作しようと試みるものではなく、純粋にささげられたものであれば、神はそれを受け取ってくださいます。しかし神は、その修練から、あなたにとってより適切な修練へと導いてくださるかもしれません。この状況で鍵となるのは、その修練と自分自身を、あなたが神に本当に明け渡しているかどうかです。

みことばを読むことは霊的修練です。しかし、問題の一つは、みことばを読むことが無味乾燥になり、もはや自分に何も「して」くれないように感じると、インスピレーションを求めてほかのところに目を向けがちであることです。「キリスト教書トップ10」に上がっている書籍や、最新の流行のキリスト教書に手を伸ばします。私がここまであなたにお分かちしてきたことは、新しい展望をあなたに与え、聖書のことばが自分の生活における「神のことば」になる新しい方法を開いたかもしれません。しかし神のことばを喜んで待つことも必要です。みことばを読むことも、神にささげる必要があります。神が選ぶときに、神が選ぶとおりに用いていただくためです。

たとえば、神がついに私に「あなたがファラオだ」と言ったときのことを例に取りましょう。みことばを読むことは、あのときの私にとって実に無味乾燥でした！出エジプト記まで読み進んだものの、新しい情報が得られたとは言えませんでした。私はすでに、ほとんどすべてを暗記して知っていましたので、ただ形だけ読んでいるに過ぎなかったのです。しかし、私は忠実であること、神の語りかけにオープンであること、そして示されることに対して柔らかな心を持つことを願いました。そのとき、ついに神のことばがやってきたのです。そんなにも時間がかかった理由の一つは、私は神に聴くと言いつつ、心の奥底では神が語っておられることに内なる耳を閉ざしていたことにあります。ファラオと同じだと指摘されたくなかったのです。自己に死ぬ必要があるということに直面したくなかったのです。

今でも、その聖句の前に何度も座って、神のことばが与えられるのを待っている聖書箇所はいくつもあります。しかし今のところ、まだ与えられていません。死ぬまで何事も起こらない聖書箇所もあるのかもしれません。私にはまだ神のことばを受け取る用意ができていないのではないか、と感じ始めた聖書箇所もあります。それらの箇所から神のことばを聴けるようになるまで、柔らかい心をもって耳を傾けられるようになるまで、神が私のうちになさる深い清めと形成のわざがあるのでしょう。何も聞こえないときでも、みことばに聴く姿勢を保つことは、霊的に私たちを形成します。それは神の恵みの深い働きへと私たちを開きます。それは、生ける神のことばからの語りかけを受け取れるところまで、私たちを連れていきます。

スーザン・ミュートーは、修練としての霊的読書について次のように述べています。柔らかい心を持って読む人は、「自分の忠誠と献身に対する見返りを要求することなく、ひとえに神を喜ばすことだけを求めています。動機と願いがそのように内側で清められるとき、私たちの認識を超えた、恵みによるより深い親密さへの道が開かれます」[26]。純粋な霊的修練、特にみことばを読むことの修練には、このような「放棄」が伴います。神がなさりたいことを神になさっていただくために、自分自身を手放すのです。

ジョン・ウェスレーはその契約の祈り[27]の中で、「委ねる」という極めて重要な姿勢に焦点を当てています。「私はもはや自分自身のものではありません。すべてのことについてあなたのみこころに自らをお渡しします。あなたのために働かせてください」。ここで、身に染み付いたあの機能モードが表面に浮かび上がり、私たちは動き出します。忙しく、活動的で、効果的な神のための働き人でありたいのです。ところが、ウェスレーの祈りの後半は、このように続きます。「……あるいは、あなたのために私を脇に放置してください」。私たちはこれを好みません。「私を満たしてください」。もちろんです！「私を空にしてください」。なんですって？　この契約の祈りの前半はたやすく祈れますが、その逆はもっとずっと難しいのです。ウェスレーは放棄することとの必要性を見逃しませんでした。それこそが純粋な霊的修練の鍵であり、霊的形成におけるみことばへのアプローチの心髄となるものです。

成長を育む

殻を破ることと霊的修練が霊的形成の二つの側面であるなら、第三の側面は、私たちの成長を完全さ・健全さへと育むことです。神の恵みは自己の殻の束縛から私たちを解き放ちます。その上で、純粋な霊的修練は、生ける神のことばによって私たちという「言葉」が形造られることを可能にします。

成長を育むことについて考えるとき、「どのように」という問題を考慮することになります。それについては最終章で考察します。しかしここでも、おそらく最も深いレベルでの機能性と関係性の間にある問題にぶつかります。私たちは「神のことばはどのようにして私たちを完全さへと育むのか」を知りたいのですが、実はこの問いには「そのために私は何をすべきなのか」という問いが内包されています。油断していると、弟子となることの機能的・行動的モードがここにも紛れ込むのです。

パウロは、「私たちは神の作品」(エペソ2・10)であると念を押します。神がなさりたいと思っていることをしていただきたい、神のお好きなやり方で私の自我の殻を破っていただきたい、神のお好きな方法で私を育てていただきたい、そういう意図をもって純粋な霊的修練をささげるつもりなら、神に主導権を握っていただく必要があります。自分の手にコントロールを取り戻そうとしてはいけません。

成長は、基本的に私たちの従順を通して育まれます。しかしその秘訣は、私たちの従順も霊的修練として神にささげることにあります。従順とは、自分で自分を神のかたちに形造るためのものではありません。恵みによって神に私たちを形造っていただくために、神のことばへの従順をささげるのです。

まず、神のことばが私たちに語りかけます。そして私たちはそれに従います。神のことばに対する具体的な従順の行為を神にささげます。私たちの在り方と私たちの行為が調和していない部分において、それをささげるのです。私たちの「行為」が私たちの「在り方」から流れ出ていない部分においてささげます。この従順の行為を、真の霊的修練として一貫して神にささげます。特定の結果を得ることを要求したり期待したりすることなく、あくまでも恵みが注がれる経路として、神にお好きなように用いていただくためにささげます。

そうするなら、あるとき神のタイミングによって私たちは気づくのです。私たちの在り方を変容するために、聖霊を通して神が私たちの存在のうちに働いてくださり、それによって私たちが「行う」従順の行為が、神によって変容された「存在」から流れ出るものになっている、と。このとき、私たちは神が発したとおりの言葉になったのです。

この過程では、機能性と関係性は全人的な霊的形成のうちに共に流れます。しかし、私たちの従順を機能的なものと見なしたい誘惑はいつでもあります。「主よ、私は従ったのですから、代わりに○○をしてください」と言いたくなるのです。この利己心はあからさまではありません。あなたにそっと忍び寄ってきます。自己の殻を破ってもらうよう、絶えず自分を明け渡していなければなりません。

もう一つの誘惑は、「よし、これをしよう。そうすれば私は変わるだろう。そして望みの結果が得られるだろう」と考えることです。しかし、純粋な霊的形成において、その行為の本質こそ、純粋な弟子としての在り方の秘訣です。それは神に完全に明け渡された「行い」なのです。

パウロは霊的形成における変容のダイナミクスを、コロサイ人への手紙1章9－10節で美しく描写しています。そこで彼は、コロサイ人が「神のみこころについての知識に満たされますように」と祈っています。パウロがここで用いている「知識」という言葉は、単なる認知的、情報的な知識ではありません。それも含みますが、もっと深いものです。経験的な知識でもあり、生ける神のことばによって貫き通された経験を含むものです。それは、神に語られ、取り扱われた経験です。

パウロは続けてこう祈ります。「あなたがたが……神のみこころについての知識に満たされますように。また、主にふさわしく歩み、あらゆる点で主に喜ばれ、あらゆる良いわざのうちに実を結び」ますように。神のみこころと出会う目的は、従順です。パウロは最後に、神のみこころへの従順がもたらすものを示します。「神を知る知識において成長しますように」［英文からの邦訳（強調は著者による）］。

このようにパウロは霊的形成の概略を、神のみこころとの出会いから神のみこころへの従順へ、そして神を知る知識へというダイナミクスとして描写します。神を知る知識もまた、神のみこころを知る知識と同様、体験的・関係的知識です。それは私たちの在り方が神のかたちに同化したものになることです。そうなると、神のみこころのうちにある人生とは、もはや単に恵みが注がれる手段として神に従順をささげるという次元のものではなくなります。私たちの人生は、愛に満ちた神への応答の人生となり、従順こそ私たちの在り方を織りなすものとなります。神が私たちのささげる修練を恵みの手段として用いるのは、私たちのうちに新しい習慣や態度や認識の構造を育むためだと知ります。個人また集団での関係の新しいダイナミクスや、この世に対する新しい応答と反応の仕方を育むためだと知ります。神は私たちのうちに、キリストのかたちに同化していく新しい在り方を造られるのです。そうやって私たちは神が発したとおりの言葉になります。

ここで重要なのは、神のみこころを行うのを自分が完璧になるまで待たない、ということです。私たちの行動は、確かに人間の不完全さゆえに往々にして歪められています。習慣、態度、認識の古い構造、人間関係の古いダイナミクス、応答と反応の古いパターンによって歪められています。しかし、前進しながら神への従順をさらに深く求め、私たちの生活に恵みが注がれるための手段として神に修練をささげるなら、神は私たちの過ちを贖うことができます。神が期待しているのは完璧な行動ではなく、徹底した意志、つまり、愛を込めて明け渡すことによる従順というささげものです。

霊的形成においてみことばがどんな役割を担うにしても、その役割は霊的形成の本質的な要素、すなわち殻を破ること、霊的修練、そして成長を育むという三点と固く結びついていなければなりません。これらの三つの要素は、生き生きとしたキリスト教霊性の活力源です。自我の殻を破ることなしには、習慣、態度、認識の古い構造、人間関係の古いダイナミクス、この世に対する古い応答と反応のパターンの中に閉じ込められたままです。純粋な霊的修練は、私たちの内なる部分に働く、変容をもたらす神の力に対して私たちを開きます。それなしには、霊的生活や成長に向けての私たちの試みは、自分の目的に従って自分の在り方を立て直すか、その古い構造を維持し守ろうとする、単なる操作的・機能的な試みに過ぎません。そして殻を破り、純粋な霊的修練を始めることなしには、新しい在り方へと神に成長させていただく体験もないのです。霊的形成に欠かせないこれらの要素において、いかにみことばが重要な役割を担うのか、これからさらに深く見ていきましょう。

第十一章
みことばを読むにあたってのウェスレーのガイドライン

本章では、霊的形成におけるみことばの役割の、具体的・実践的・方法論的な側面を見ていきます。再び心を開き、この時を神が用いてくださるよう共に祈りましょう。

恵み深い愛に満ちた神様、さまざまな形で私たちの人生に触れてくださっていることを感謝します。あなたは私たちを照らし、私たちの存在の深い部分を開き、こわばっている部分を解きほぐし、歪んでいる部分を指摘し、私たちがあなたの発した言葉になるよう励ましてくださいます。いかなる形で働いてくださるにせよ、それはすべて、私たちの人生であなたの良き目的が達成されるためです。みことばが私たちの生活の中であなたの生きたことばとなるために、どのように聖書と向き合ったら良いのかをこれから考察します。神様、あなたの御霊の導きに私たちが心を開いていることができますように、どうか助けてください。アーメン。

ジョン・ウェスレーは、聖書を読むにあたってのガイドラインを示しました。そこには、聖書を読むことを通して生きて力ある神のことばに出会うために必要な、私たちの姿勢が見事に記されています。このガイドラインは、私たちを情報中心から形成的レベルへと動かします。みことばへの私たちの応答は、機能性重視から関係性重視へと移ります。そして、読んだみことばの実践は「行動」モードから「在り方」モードへと変わります。

そのガイドラインを導入するにあたり、ウェスレーはこのように言います。

神に関することを理解する方法（情報中心）とはすなわち、「昼も夜も口ずさむ」ことです。そうすることで最上の知識を得られるように、「唯一のまことの神である神と、神が遣わされたイエス・キリストとを知る」（形成中心／関係性重視）までになるためです。そしてこの知識は、あなたが「神を愛する」ように導きます。「神がまず私たちを愛してくださったからです」。そうです。「心を尽くし、いのちを尽くし、知性を尽くし、力を尽くしてあなたの神である主を愛する」のです（形成中心／関係性重視）。……そしてその結果として、本書に記したようなあらゆる清い性質を喜びのうちに体験する一方で、外側に向けても、「あなたがたを召された聖なる方に倣い、あなたがた自身、生活のすべてにおいて聖なる者となる」でしょう（在り方から流れ出す行動）。[28]［括弧内は著者による］

ウェスレーはここで、みことばと向き合うことで私たちがどのようにして生ける神のことばに対して開かれていくのか、そのプロセスを示しています。みことばへのこのようなアプローチは、私たちを霊的修練へと導きます。その修練を通して私たちのうちに育まれる神のことばは、私たちを縛る自我の殻を破ります。そして私たちは、神がこの世に向けて発した言葉になることが可能になります。

時間

神のことばによって形造られ、神がこの世に向けて発した言葉になりたい、それが可能になるような方法でみことばを読みたい、そう願う人に、ウェスレーはまず次のことを勧めます。それは、聖書を読むために「可能なら、朝晩わずかばかりの時間を取り分ける」ことです。この第一のガイドラインでウェスレーは二つのことを述べていますが、私も同じことを勧めます。

まず、みことばによる霊的形成を求めるのであれば、毎日習慣的にみことばを読む必要があります。それは、第十章で定義したような霊的修練でなければならないのです。毎日習慣的にみことばを読みます。それは一貫した修練、行動、「機能」、私たちが「行う」ことです。しかしながら、それを恵みが注がれる手段（経路）として神におささげします。そのとき、みことばを読むという行いは、形成中心で関係的なものになります。この「ささげる」ということが、霊的修練の心臓部、中核、内なる原動力です。しかしそこには、日々それを行い続けるという規則正しさと粘り強さもあります。

次に、「取り分ける」という言い方に、日々規則正しくみことばを読むというだけでなく、何者にも邪魔されない時間を当てる必要があることがわかります。「何者にも邪魔されない時間」は、二つのことを示唆します。

一つは、その時間は外からの邪魔が入らないものであることです。可能な限り、誰にも、何事にも遮られることのない時間が必要です。外から邪魔されずに、神のことばに向かって自分を開くことのできる時間です。それは不可能だという人もいるでしょう。特に、人生のある時期においては難しいと思います。しかし、「取り分け」られた時間を確保するには、「誰にも邪魔されない」時間がゴールであるべきです。

二つめは、内面的にも邪魔が入らない時間であることです。自分が抱えるあらゆる日常の課題、プレッシャー、重荷を、一時的に手放すことのできる時間です。それは、心を落ち着けて静まり、ただ神のみに自分を開くことのできる時間であるべきです。そこには、内的にも外的にもソリチュード（一人きりになること）と沈黙が必要です。そんなことは不可能だという人もいるでしょう。しかし、みことばのために時間を取り分けるにあたって、それが目指すべき理想です。

時間を取り分けることについて、もう一つ加えるなら、可能な限り最善の時間を神にお渡しすることです。私たちは往々にして、神に「残り物」の時間をあててしまいます。自分の生活の他の責任を全部こなしたあとで、残った時間を神にあてるのです。そのため、エネルギーが枯渇して、感情的にも疲れ、仕事で頭も疲れ、霊も不活発になっています。それでは生ける神のことばに出会うことが滅多にないのも、みことばを読むという修練が不定期で行き当たりばったりになるのも、無理のないことでしょう。自分の最善の時間を神におささげすべきです。はっきりと目覚め、敏感で、生き生きとして、よく応答できるような時間です。

多くの人にとって、そのような時間は一日の初めでしょう。日中や夜のほうがそういう時間だという人もいるでしょう。あなたにとっての最善の時間がいつであれ、その時間を、みことばを読むときとして取り分けましょう。最も頭が冴え、意識がはっきりしているとき、神の御前に出るにあたって、注意散漫にならずに「完全にそこにいる」ことができる時間を神にお渡しするのです。繰り返しますが、人生のすべての段階で、自分の最善の時間を神におささげできるとは限りません。ただ、可能な限り最善の時間をおささげすることを目指しましょう。

バランス

ウェスレーの第二のガイドラインは、「時間があれば、旧約聖書から一章、新約聖書から一章を読むようにしましょう。それができない場合は、一章だけ、あるいは一章の一部分を読むようにしましょう」。ここには少なくとも三つのことが読み取れます。

まず、ウェスレーは秩序だった修練について語っています。みことば全体を秩序正しく通読することです。クリスチャンとして、私たちは新約聖書を読むことばかりに傾きがちです。旧約聖書を「二級」のみことばであるかのように思いがちなのです。あなたにもその傾向があるなら、ウェスレーはみことばをバランスよく読むことを勧めています。旧約と新約の両方から神に語っていただく必要があります。

また、霊的形成においてみことばを用いるにあたり、私たちは過去に自分が養われた箇所に戻って行きたがる傾向があります。かつて深く語られたことのある箇所、養われた箇所、神のことばによって形造られたことのある箇所を、誰でも大切にするものです。そのため、あまり読み込んでいない箇所よりも、そういう馴染みの箇所についい戻って行きがちなのです。身体的にも、同じものばかり食べ、バランスの良い食生活を持たないなら、やがて身体を壊します。霊的食生活でも、バランスを欠けば同様のことが起こるでしょう。

みことばを読むという全体論的霊的修練の構造の要となるのは、みことば全体をまんべんなく読むための何らかの手段を持つことです。その一つの方法は、聖書日課《レクショナリー》[29]を用いることでしょう。聖書日課では通常、旧約聖書、書簡、福音書のそれぞれから読んでいくことになります。そして二〜三年かけて、聖書のほぼ全体を読むことができます。

さらに、ウェスレーは、一回に読む分量はむしろ少なめにすることを勧めているように見受けられます。私たちは形造られるために読んでいるのであり、情報を得るためではありません。聖書日課はこの点でも有益です。読む分量があらかじめ決まっていて、それは多くの場合、短いものです。私は、聖書日課が「許可」するよりも先へと読み進みたくなることがよくあります。「物語」に興味がわき、つい早く全体を読みたくなるのです。情報中心のダイナミクスが優勢になります。しかし、聖書日課の修練に忠実であろうとするなら、決められた分量で止まり、手元にある箇所にさらに深く入っていくことを余儀なくされます。テクストの前に自分を静め、目の前にある箇所から神のことばが私に語ってくださるのを求めざるを得ないのです。ウェスレーは一つの章の一部分だけを読むのでまったく構わないと思っているようです。情報中心の読み方よりも、形成中心の読み方を念頭に置いていることがうかがえます。

第一に目指すこと

みことばを形成中心で読み進めるバランスの取れた方法を見つけたら、ウェスレーはガイドラインの第三として、それぞれの箇所に「ただ一つの目を持って、神のみこころ全体を知るために、またそれをするという固い決意を持って」読むべきであると言っています［訳注：マタイ6・22　新改訳２０１７では「健やかな目」と訳されているが、欽定訳ではsingle eye］。これこそが霊的形成におけるみことばへのアプローチの中核です。

ウェスレーはまず、みことばを読むときの私たちの意図は、神のみこころ全体を知ることであるべきだと断言します。人生における神のみこころと出会うことを何よりの目的として、みことばに向き合うのです。自分という存在のあらゆる次元で、自分と他者との関係のあらゆる面で、自分の活動と参加するものすべてにおいて、神が私たちに何を欲しておられるのかを知るために、心を開いてみことばに向かいます。そこに焦点を合わせてみことばを読むとは、神の前に私たちの生活全体を持っていくことであり、私たちの人生のすべてに対する神のみこころを期待し、また心を開いて求めることです。私たちの習慣、態度、認識を差し出しつつみことばを読みます。自分と他者との関わり方のダイナミクスを差し出しつつみことばを読みます。周囲の世界に対する自分の反応と応答のパターンを差し出しつつみことばを読みます。そして神が私たちの生活すべてで、これらの領域のどの部分でも、神のことばを語ってくださることを求めます。私たちの自我の殻を差し出します。私たちの歪んだ「言葉」を差し出します。私たちの偽りの自己を差し出します。そして私たちを完全な者にすることのできる、生ける神のことばによって取り扱われることを求めます。

次に、ウェスレーは固い決意を持って神のみこころ全体を求めるべきだと言います。この決意こそ、みことばへのアプローチの鍵です。何らかの悩みを抱えて葛藤する学生が私のところに来ることがよくあります。彼らが置かれた状況の中で、自分の人生に対する神のみこころを見分けようと、義務や選択肢や願望などが複雑に絡み合った状況を吟味します。私が彼らに尋ねる質問は、言葉遣いに多少の違いはありますが、いつもこれです。「神のみこころが何であろうとも、この状況で神のみこころを行う覚悟はありますか？」学生たちはたいてい「はい」と答えます。そこで私は、その点についてさらに踏み込んだ質問をします。なぜなら私の場合、神に「みこころは何ですか？」と尋ねるとき、ほかのすべての選択肢と比べて、自分が最善だと思うものを神のみこころとして選ぶ傾向があるからです。こういうモードで神のみこころを求めるなら、天は驚くほど閉ざされたものとなります。

出エジプト記19章3－8節は、神のみこころを行う固い意志がどういうものかを、わかりやすく描いています。モーセがシナイ山に登ると、神が彼に語りかけます。

あなたは、こうヤコブの家に言い、イスラエルの子らに告げよ。「あなたがたは、わたしがエジプトにしたこと、また、あなたがたを鷲の翼に乗せて、わたしのもとに連れて来たことを見た。今、もしあなたがたが確かにわたしの声に聞き従い、わたしの契約を守るなら、あなたがたはあらゆる民族の中にあって、わたしの宝となる。全世界はわたしのものであるから。あなたがたは、わたしにとって祭司の王国、聖なる国民となる。」

モーセは山を降り、長老たちを呼び寄せ、神が語られたことをすべて彼らに伝えます。7節と8節の間で、長老たちはイスラエルの民にこれらのことを語り、民からの反応を得たに違いありません。なぜなら19章8節で人々は、「私たちは主が仰せられたことをすべて行います」と言っているからです。しかし、神は何をせよと語られたのでしょうか？　何も言っておられません。一つの命令も、一つの規則も、一つの布告もありません。神が言われたのは、彼らが従うなら、神は彼らの神となり、彼らは神の民となるという、ただそれだけでした。神のみこころに対する無条件の従順を求めているのです。みこころが示される前に、みこころが示されたときには必ずそれを行うという「固い決意」です。これが三番目のステップでウェスレーが語っていることです。すなわち、「みことばを読み、生ける神のことばに自分を開き、自分の生活に向かって語られた神のことばを知り、それを実践する」。これこそ、情報を求める読み方から形成を求める読み方へと移行するのに不可欠なダイナミクスの一つです。神が自分の人生に向かって語られたことは、それが何であれ行動に移すという、自分という存在の中核における内なる決意です。

全体的現実

第四のガイドラインとして、ウェスレーはこのように続けます。「信仰の類比（アナロギア・フィディ）、すなわち原罪、信仰義認、新生、聖化といった重要な基本的教理の間にある、つながりと調和に絶えず目を向けなさい」。みことばを読むとき、互いに無関係なものを個別に扱っているのではなく、全体として調和のとれた大いなるものを扱っているのだと認識しなくてはなりません。自分の人生やこの世界における、神の目的や力や臨在に関する生ける現実を扱っているのです。

これらの概念を私たちが検討してきた用語で言い表すなら、カイロス的存在と言えるでしょう。みことばから出てきて私たちに語りかけるものはすべて、何らかのかたちでカイロス的存在、つまりキリストにある神の新しい秩序による存在に関連することを、ウェスレーは示唆しているのです。それは、私たちの生活の中にある壊れた部分や不従順、何らかの罪の力を明らかにする神のことばかもしれません。その壊れや不従順に対する神の恵み、愛、赦しを私たちに差し出すことばかもしれません。私たちをその時点における新しい生活の可能性に目覚めさせることばかもしれません。神への完全な聖別（内なるきよさ）とこの世における一貫した従順（外側のきよさ）という、新しい生き方へと招く神のことばかもしれません。生ける神のことばは、人生のこれらの領域の中心で私たちに語りかけ、浸透してきます。

みことばに対するこの全体的アプローチは、パウロが「機会（カイロス）を十分に活かしなさい（エペソ5・16）と言ったときに表現したことの根底にあるものです。神のことばを、こぎれいに整理された客観的で体系的な範疇にすっきりまとめたくなる罠に陥らないよう、よく注意しなくてはなりません。そのような活動は情報中心の機能的ダイナミクスの代表です。みことばを読むとは、生きた全体的な「現実」であるお方と関わっていくことであると認識しなくてはなりません。その生きた全体的な「現実」であるお方は、在り方と行いを包括したいのちへと私たちを形造ることを求めておられるのです。

祈りをもって読む

ウェスレーの第五のガイドラインは、みことばに取り組むにあたり次のことを呼びかけます。「神の託宣（語りかけ）に向かう前には、真剣に、また熱心に絶えず祈らねばならない。なぜなら、『みことばはそれをお与えになったのと同じ御霊を通してのみ理解される』からだ。同様に、みことばを読み終えるときも、『読んだことが心に書き留められますように』との祈りで閉じるべきである」。ウェスレーは機能性よりも関係性のダイナミクスを強調しています。関係性モードでみことばに入っていくのです。自分の存在のより深い次元において、祈りつつ神に自らを開きます。この祈りは、私たちを御霊に向かって開きます。最初にみことばを存在させたのと同じ御霊が、私たちの読むみことばを、私たちに語りかける生ける神のことばとしてくださるのです。

祈りのうちにみことばを読むとき、そこに含まれる「霊感の力強い動き」と出会います。聖書の記者たちに働きかけ、また御霊の導きのもとで教会がみことばを権威ある収集物、すなわち正典に編纂したプロセス全体にも働きかけた霊感は、私やあなたにも働きかけてくださいます。祈りをもって関係的かつ形成中心でみことばを読むとき、私たちはその霊感のプロセスの参加者となるのです。祈りをもってみことばを読むことは、神の秩序の中における在り方、カイロス的存在への入口です。みことばはそこから私たちに語りかけ、私たちのいのちをキリストにあるものへと形造ってくださいます。

語りかけと応答

最後に、ウェスレーはこのように言います。「みことばを読みながら、途中で何度も立ち止まり、読んだ箇所に照らして心と生活の両方において自らを吟味することは、もしかすると役立つかもしれません」（なんと控えめな発言でしょう！）。神のことばから語りかけを受けるために、意識的に、定期的に自らを開くよう自己吟味します。

それは、一方では行動面を吟味することです。自分が個人またはグループで他者と関わるとき、何が起こっているだろうか。自分の反応や応答のパターンでどういうことが起こっているだろうか。職場で、家庭で、教会で、また社会的活動で、何が起こっているだろうか。自分の生活の外側の状況で、何が起こっているだろうか。他方では、自分という存在の内なるダイナミクスを吟味することです。自分の態度や、習慣や、感情や、感覚に何が起こっているだろうか。認識や動機はどうだろうか。これらすべての内側（心）と外側（生活）において、神に自分を開きます。それらを神のことばの前に差し出し、ひれ伏し、神に語っていただくのです。

ウェスレーは、私たちの内なる在り方と外側の行いを吟味するために、「頻繁に」立ち止まるようにと言います。それは形成的な読み方の重要な側面です。あらかじめ決めた分量をきっちり読もうとするのでなく、テクストが私たちを深みへと導いてくださるのを求めます。自分の予定をテクストに知らせるのでなく、自分のいのちの内側と外側のダイナミクスを差し出し、テクストに形造っていただくのです。テクストを自分のコントロールのもとに置こうとするのでなく、テクストによって私たちの在り方と行いをコントロールしていただきます。これは、テクストの一部分を図像的なものとする修練です。テクストのカイロス的次元の前に自らを静め、神のことばに私たちの在り方と行いを探り、浸透していただく修練です。

さらにウェスレーは続けます。「そうやって受け取った光は、どんなものでも最大限に、そしてただちに用いられるべきです。先延ばしにしてはいけません。あなたが決意したことは、それを実践できる最初の機会が訪れたときに、早速実行に移しましょう」。ここで、私たちに語られた神のことばに即座に従うという点に到達します。ここで、みことばを読む修練が、神のことばへの従順という修練につながります。自分の人生の具体的な部分で、愛を込めた従順を神にささげるのです。そのとき、神のことばは私たちという欠陥のある「言葉」に語りかけます。語りかけを受けたまさにその部分において、従順という霊的修練を絶え間なく神に差し出しましょう。そうすれば、私たちの存在そのものを、神がこの世に向かって発した言葉へと変容するために、神はその修練を通して喜んで働いてくださるでしょう。

私たちに照らし出された神のことばに対して、「最大限に」「ただちに」「先延ばしにせずに」差し出す従順を強調することで、ウェスレーは第三のガイドライン「神のみこころを行う固い決意」の遂行を暗に促しています。従順の欠如について言葉を濁したり、正当化したり、弁明したりする自分を見つけたら、第三のステップに戻り、自分の決意が本物かどうかを再吟味する必要があります。私はどれだけ誠実にこれを求めているのでしょうか。自分の人生における神のみこころを余すことなく求めているでしょうか。生ける神のことばに、自分の在り方と行いのありとあらゆる領域を探り、浸透していただきたいと願っているでしょうか。私は本当に従いたいという固い決意を持っているでしょうか。

　第三のステップで、自分の誠意に心底、まったく疑いのないときもあるでしょう。神のことばに語りかけていただきたいと心底願っています。神があなたに語ろうとしておられることを聴きたいと、本気で願っています。ところが、神の語りかけが自分で思っていた以上に自分の生活の深いところまで侵入してくるのです。ある程度のレベルまでは、誠心誠意、確かに喜んで従いたいと願いました。それなのに今、神のことばはあなたの限界を超えてもっと遠くまで押し出そうとするのです。神のみこころを行うつもりは確かにありました。しかし、自分の都合で、自分のやり方で、自分流に行おうとしていたのです。今や、あなたの心を完全に明け渡すようにと神のことばが招くのですが、あなたにはそれができません。みことばを読むという霊的修練は、あなたを六番目のステップから三番目のステップへと何度も連れ戻すことに気づくかもしれません。それはあなたの「固い決意」が、神のみこころ（それがなんであれ）に対して完全に聖別されるまで続くでしょう。

　ここで詳述したように、みことばを読むためのウェスレーのガイドラインは、霊的形成におけるみことばへのアプローチを提供します。継続的に実践するなら、これらのガイドラインは形成と関係を中心とした読み方でみことばを読むことを可能にしてくれるでしょう。このガイドラインのダイナミクスにより、みことばは図像的なものとなります。このガイドラインを用いることで、私たちはカイロス的存在へと引き込まれ、それを通して神は歪められた私たちという言葉を、神がこの世に向けて発した言葉へと変容してくださるでしょう。このプロセスによって、みことばは神が私たちの人生を形造る恵みの手段となります。

第十二章
霊的読書の障害となるもの

みことばを霊的修練として読み始めると、いくつもの障害に突き当たります。中でも最も手強い障害は、私たちの在り方や行動に深く染み付いている文化の認識的側面および体験的側面です。それらについては本書の第二部と第三部で集中して取り上げましたが、ここでその一般的な障害を要約しておきましょう。霊的形成のための読書（霊的読書）における具体的で独特な障害を見ていく前に、一般的な障害をまとめておくと助けになると思います。

認識的障害

霊的読書をするときは、次に挙げる四つの認識における障害にいつも注意する必要があります。それは、自己イメージ、読むことに対する認識、聖書に対する見方、そして存在についての認識です。

第一に、自己イメージです。私たちが自らを「神が発した言葉」として見ることができないと、私たちの霊的読書は、自分で生み出し、自分で維持し、自分で導き、自分で擁護するダイナミクスによって特徴づけられる自己イメージのもとでなされることになります。その場合、その間違った自己イメージを強めるような形でみことばを読んでしまう傾向が非常に強くなります。少なくとも、自分は神が発した言葉なのだという可能性に対して心を開いていないと、いくらみことばを読んでも、自分がすでに持っている自己イメージをそこに反映させるだけとなるでしょう。結果的にそのイメージがますます強化されます。これは、みことばを読むにあたって恐るべき障害となります。

この障害を克服するのに最善の方法は、みことばを読むときはいつでも、「私は『神が発した言葉』なのだ」と絶えず自分に言い聞かせることです。みことばをとおして神に自分自身を開くとき、神はあなたという言葉を神のことばによって形造りたいと願っておられることを忘れないでください。神にそのままのあなたを受け取っていただき、神の欲するとおりのあなたへと造り変えてもらいたいという深い願いを、自分のうちに養わなくてはなりません。

第二に、「読むこと」に対して私たちが持っている認識です。聖書を読むとき、自分を形造っていただくつもりでテクストに向かわないならば、情報を得るために読むという、私たちをこれまで形造ってきた力にすぐに支配されてしまいます。そうすると私たちはいつの間にか、みことばから少し距離を置き、客観的、分析的な方法でテクストを扱ってしまうでしょう。そして意識的に、あるいは無意識のうちに、自分が読み取りたいことをそこに読み取ってしまうのです。テクストの深みよりも、表面だけをなぞります。質より量の読み方をします。テクストに自分を吟味してもらうよりも、自分がテクストを吟味します。テクストによって自分がコントロールされる代わりに、自分がテクストをコントロールしようとします。情報中心の読み方には、神はこのように語っているのだろうと、私たちが考える、あるいは願うことをそこに読み取ろうとする傾向があります。しかし霊的読書として聖書を読むときは、「神が発した言葉」へと形造られるために自らを生ける神のことばの前に差し出し、神のことばに探っていただき、また自分の内側にまで浸透していただくことを求めます。

この障害を克服するためには、みことばに向かうときはテクスト理解のプロセスを支配したいという願いを手放すことです。意識的に自らをテクストに差し出します。心を開き、自分の目的や考えを静め、テクストの前で待ちます。それから神のことばがあなたに語りかけてくださることに耳を傾けます。ウェスレーのガイドラインを参考にしたり、形成中心の読み方のダイナミクスに意識を向けたり、次章で説明する霊的読書の手法を用いたりするとよいでしょう。

第三に、聖書に対する私たちの見方です。聖書の図像的性質を理解できないと、聖書を知識やイメージや表象や神話の集まりとして受け取ってしまいます。聖書に書かれていることを、自分の理解や認識にしたがって解釈し、分析し、神秘的要素を取り除き、分類するのです。この障害は、先に述べた情報中心の読み方と密接に結びついています。いかに意識的に、また一貫してみことばを形成中心で読もうとしても、聖書の図像的性質を意識しないなら、目の前のテクストを情報中心に読んでしまう習慣に戻ることになります。生ける神のことばの領域に私たちを引き入れてくれる「窓」として、テクストを見る必要があります。神の秩序のもとでの在り方に私たちを引き入れてくれるイコンとして、みことばを見る必要があります。そこでは、神のことばが私たちという成長の遅い「言葉」に対峙します。テクストを「窓」やイコンとして見るのでなければ、いくら読んでも、結局自分が慣れ親しんだ範囲内で理解するだけでしょう。

この障害を克服するには、聖書の図像的性質を絶えず自分に思い起こさせることです。みことばに向かうときは、期待を持ち、心を開き、素直になります。そして生けることばの息吹を、そのイコンの中で、またイコンを通して、神が私たちのいのちに吹き込んでくださるのを熱心に待ちます。次章で紹介する霊的読書の手法は、このプロセスで役立つでしょう。そしてこの障害を乗り越えるのを助けてくれるでしょう。

第四に、「存在」についての私たちの認識です。みことばに向かうとき、カイロス的存在の現実を認識せず、まったく新しい神の秩序のもとでのキリストにある在り方を意識しないなら、みことばを読んでもその行為は実を結びません。現在の自分の価値観を少しばかりいじる程度、現在の生活の構造をわずかばかり並べ替える程度、現在の在り方と行いのダイナミクスをわずかばかり修正する程度にしかならないでしょう。私たちは今の自分の在り方に拘束されており、そのため私たちという「言葉」は矮小なものになっています。それに代わる在り方があるのだと認識しない限り、変化はまず期待できません。そうなると、その古い在り方をより適切な方法で造り直してくれる何かを、みことばの中に見出そうとするしかないのです。しかしそれは、情報中心で機能的、行動重視モードに飛び込むことを意味し、自らを自分で生み出した古い自己認識の中に閉じ込め、みことばの図像的可能性を失うことになります。

この障害に究極的に打ち勝つには、自分の体験の中でカイロス的存在の現実に目覚めていくことです。あなたがそれを体験したことがないなら、聖書の背後に広がっている、真に新しい別の在り方の可能性を受け入れることから始めてみてください。そうすれば、自分の在り方に根本的な変容をもたらし得るものとしてみことばに向かうことができます。聖書の物語によって強固な土台が形造られ、人生に解放がもたらされることを期待しつつ、みことばに向かうのです。

すでに明らかだと思いますが、これら四つの障害は互いに深く関連しています。人がどのようにみことばに向かうかは、その人がどんな自己イメージを持っているかによっておよそ決まってしまいます。自分で生み出した自己イメージは、必然的に、人生に対して情報中心のアプローチを取ります。脅威と見えるあらゆるものから自らを守ろうとし、その存在を維持しようとするからです。そして情報中心のアプローチを取ると、聖書を図像的に見ることが困難になります。実際、不可能でしょう。聖書を図像的に見るなら、みことばと出会える形成的モードに入ることになりますが、聖書を図像的に見ないなら、現在の在り方とは根本的に異なる、カイロス的存在という在り方の可能性を認識することも非常に難しくなるでしょう。カイロス的存在を認識することも体験することもないなら、自らを自己イメージの中に閉じ込めることになります。それは、価値体系や、活動の構造や、在り方と行いのダイナミクスに、表面的な変化を加えることしかできません。現在の在り方によって制限されているからです。

体験面での障害

霊的読書には、「機能的」ダイナミクスと「行うこと」のダイナミクスという、体験面での障害もあります。

まず、機能性がもたらす影響から見ていきましょう。機能中心モードでみことばを読み、自分の課題を自分のやり方で自分の力によって達成するための活動として行うなら、結局自分の課題を達成するためにみことばを操作することになります。みことばが、私たちの目的や願いや必要を満たし、達成するための単なる道具になります。機能的アプローチの特に有害な点は、神を操作しようとして何かを行ったり、自分や他者を操作するために「神が認めてくれたので」と偽って主張したりすることです。

これを防ぐためには、当然、関係中心のアプローチで霊的読書に向かうことです。私たちが霊的読書という修練をするのは、自分のアジェンダ（計画）を推進するためではなく、神のアジェンダが私たちの生活の上に臨むためなのです。ここでも、ウェスレーのガイドラインと次の章で説明する方法をコツコツと地道に行うことは、この障害を乗り越える手助けとなるでしょう。

次に、「行うこと」がもたらす影響です。神は自分にこのようになってほしいのだろうと特定の姿を想定し、それに基づいて行動することでその姿に近づけるはず、と考えてみことばを読むならどうでしょうか。自分の活動の体裁《ていさい》を整えようとするでしょう。体裁を整えることを純粋な霊性を養うことと取り違えるのです。みことばは、拡大していくばかりの「すべきこと、すべきでないこと」のリストになるでしょう。一方で、私たちが熱心に、また必死に「行うこと」は、少しも私たちの内面に触れることがなく、内側における自分はないがしろにされるばかりです。

これを防ぐには、純粋な霊的修練を行うことです。霊的読書という修練を、何の下心もなく、何の見返りも求めず、何の制限も設けず、何の期待もなしに、ただおささげするのです。ただ神の目的のためだけにおささげするのです。そのときそれは、私たちの在り方を変容する神の恵みが注がれる経路となるでしょう。

これら二つの体験面での障害は、互いに関連しているだけでなく、霊的読書の認識面での障害とも密接に結びついています。そこで私たちが体験することとは、認識が行動に表されたもの、つまり私たちの世界観から出るライフスタイルなのです。霊的読書に対する認識面及び体験面での障害に影響されないようにするためには、それに取って替わる、意識的で一貫した、また訓練された読み方を習得することが必要です。本書の第二部と第三部で提示したような読み方です。ウェスレーのガイドラインは、次の章で提示する方法と合わせて、そのようなみことばの読み方を習得する上で大いに役立つでしょう。

具体的な障害

霊的読書をするときに直面するより具体的な障害の一つに、注意力の欠如があります。自らを静め、神のことばに心を開こうとします。テクストを読み、再び読み、もう一度読み……としていると、いつの間にか昨夜見たテレビ番組のことや、明日予定されている会議のことや、子どもに歯列矯正が必要だ、などと考えていることにハッと気づきます。生活が侵入してくるのです。そこに座っていますが、目はただ漫然と文字を追っているだけで、心はどこか別のところにあることに気づきます。

このようなことが起こっても、それに抵抗しないでください。抵抗しようとするとますます注意が削がれます。むしろ、静かに、着実に、ゆるやかに、しかし粘り強く、テクストに戻りましょう。テクストの前に静まり、心を開くところからもう一度始めましょう。そして目の前の聖書箇所に集中します。もし再び注意が逸れてしまったことに気づいたら、ただ速やかにテクストに戻り、再び読み始めましょう。何度注意が逸れても、そのたびにテクストに静まればいいのです。そしてそのたびに、もう一度心を神に向け直し、もう一度みことばの前に静まればいいのです。それを粘り強く続けるなら、みことばの前に静まり、神とともに「そこにいる」ことができるようになっていくでしょう。

人生では、生活の状況やどうしようもないプレッシャーにより、どうしても注意が散漫になり、注意深く霊的読書をするのが困難なときがあるものです。しかしそんなときでも、忍耐強くコツコツと神に修練をささげ続けるなら、みことばの前に静まり、しっかりと心を落ち着け、神に十分に注意を向けられるようになっていきます。気が散ることがあっても、それに振り回されないようにしましょう。心配せず、ただテクストに戻ればいいのです。みことばを読むという霊的修練の素晴らしいところは、戻っていくことのできる焦点を与えてくれることです。

霊的読書におけるもう一つの障害に、自分の必要（実際の必要というより、自分が必要だと思っていること）という文脈からみことばを読むことがあります。これは誰もが持つ傾向です。テクストにしっかり集中し、神に心を開き、柔らかい心を持って臨むのですが、とても具体的な必要《ニーズ》を持ってみことばに向かうのです。非常に重要で、切迫した課題や、魂に重くのしかかるような深刻な重荷などを心に抱え、その必要に対して神のことばに語っていただこうと、その重荷を持ってみことばの前に出るのです。そうすること自体はなんら問題ありませんが、必要を抱えていると、往々にして人は自分の願う解決策も一緒に持ってきてしまうのです。そのような状況で私たちがなすべきことは、神に信頼しなくてはならないと悟ることです。神が最善と思われる形で語ってくださるのだと信頼するのです。

私が学んだことの一つに、次のことがあります。「私にはこれが必要だ」と自分で思っていることのほとんどは、実は症状なのです。「必要」とは、自分ではまだ意識するに至っていない、いのちの深みから出てくる症状です。これまで何度も気づかされたのですが、自分の必要について祈るとき、神は私の症状に関心を持ちません。神が関心を持っておられるのは、原因です。私が必要だと思っていたこととは（少なくとも表面的には）何の関係もないと思えることについて、神が働き始めることが頻繁にありました。それから、自分が必要だと思っていたことに何かが起こったと徐々にわかってきます。そして、いつの間にか私の必要が満たされているのです。ただし、私が期待していたのとは違う形で。「神様、私には必要があります。どうかその必要を満たしてください。その方法は私が指定します。これこれこういうふうにです」と私は祈っていました。しかし神は、私たちの願うところ、思うところのすべてを超えて事を成してくださいます。症状ではなく、私の本当の必要を取り扱ってくださるのです。

自分が必要だと思っていることを神の前に持っていくべきではないとか、みことばを読むときにその必要を持っていくべきではないと言っているのではありません。ただ、私たちの本当の必要は、自分で必要だと思っていることとは違うかもしれない、という可能性を受け入れるのも大切だと言っているのです。みことばとは自分の必要を満たしてくれるもの、自分が持つ何らかの問題への解決を与えてくれるものだと思いながらみことばを読むなら、どうなるでしょうか。私たちが差し出す症状よりずっと深い、私たちの存在のレベルで神が語ってくださることばに心を閉ざすことになりかねません。みことばの前に自分の必要を持っていくときには、神が語ってくださることばを喜んで受け取る心づもりでいなくてはなりません。たとえそれが、自分が必要だと思っていたものにはそぐわないように感じるとしてもです。

霊的読書へのもう一つの障害は、怠惰な期待、つまり、どんなにぞんざいで無頓着なものだとしても、神は私が差し出すものを何でも用いてくださるだろう、という考えでみことばに向かうことです。先にウェスレーのガイドラインについて検討したとき、一日のうちで最善の時間を神におささげすることについて言及しましたが、この障害はその側面に関連します。霊的読書をするにあたり、「残り物」の時間をあてがうようになると、生けるみことばとのいのちに溢れる出会いは、だんだんと減っていきます。そもそも、神に残り物をお与えするなら、すでに見てきたさまざまな障害のほとんどが発生するようになると気づくでしょう。

神に残り物をお与えすることに伴うもう一つのよくある障害は、継続的にみことばを読まなくなることです。最初は熱心に始めるかもしれません。神にいちばん良い時間をささげ、みことばの前に心を研ぎ澄ませ、語ってくださる神のことばを心を開いて受け取ります。ところがある日何かが起こり、みことばを読む時間をもっと都合のいい別の時間に移動させます。数日後、再びみことばを読む時間を後回しにします。そのうち、みことばを読まない日が出てきます。遂には、みことばを読む日のほうが珍しくなっていきます。

霊的修練は、決して律法主義的に行うべきではありませんが、霊的読書を一日のうちで優先順位の低いものにしたくなる誘惑には断固として抵抗してください。私たちの時間と注意を奪おうとするものに絶えず囲まれている中で、神に集中する時間を何ものにも横取りされないようにしましょう。

最後に挙げる障害は、霊的読書を行う場所に関わるものです。霊的読書を行う場所が、どうしようもなく不快なところだったり、騒がしかったり、邪魔の多いところだったりするなら、霊的読書は悪い方に影響されるでしょう。これについては、どこまで耐えられるかは人によって異なります。雑音の多い場所、ガヤガヤした所のほうがよく集中できるという人もいます。静けさと秩序のある場所でないと集中できないという人もいます。性格によって人それぞれでしょう。大切なのは、生活の中で、自分が神に集中し十分に心を開くことのできる場所、「スペース（空間）」を見つけることです。

霊的読書をする上で、他にも自分特有の障害があることでしょう。ここで挙げたものは、最も一般的でよくある種類のものです。たいていの場合、自分特有の障害はより一般的な障害にも関わってきます。自分特有の障害が、先に述べた一般的なものとどう関連しているかに注意を払うなら、その障害も扱いやすくなるでしょう。

障害について最後にもう一言付け加えたいと思います。霊的読書を行うにあたり、これらの障害のどれか一つ、あるいは複数が出てくるというのは、実はそれ自体があなたの霊的形成において重大なことを示している可能性があります。あなたの中に神と出会うことに対して抵抗している何かがあり、それが霊的読書への障害という形で現れているのかもしれません。神の生きたことばが心に浸透することに抵抗し、直接語られることを拒んでいるのかもしれません。霊的読書という修練がうまくいかないようにすることで、あなたの生活の中にある何かがその存在を防御しようとしているのかもしれません。もしそうであるなら（そうであるとは自分では往々にして気づかないものですが）、従順の霊的修練によってこの障害を克服することで、あなたの生活を、私たちを変容してくださる神の恵みに向けて開くことができるでしょう。

第十三章
霊的読書の実践

いよいよ、みことばを霊的に読むことの実践に入ります。霊的形成を促すいくつかの具体的な読み方を見ていきます。みことばと向き合うにあたり、神の生けることばによって直接語られることを可能にするような方法です。では始める前に、この章を通して神がなさろうとしていることに、もう一度自らを明け渡しましょう。

恵み深く愛に満ちた私たちの神様、私たちの思いと心の中で、本書を通してあなたがなさっておられる働きに感謝します。あなたが与えてくださった新たな理解を感謝します。私たちのうちに生まれた新たな認識を感謝します。あなたの恵みや愛を、新たに体験させてくださり感謝します。イエス・キリストにある、より豊かでより深い生き方の新たな可能性を感謝します。この章を通してあなたがなさろうとしていることを、柔らかい心を持って受け取ることができるように、もう一度あなたの御前に出ます。あなたの導きに心を開いて応じることができますように。あなたの生けることばに自分を開くための霊的読書の方法を、よりよく学ぶことができますように。アーメン。

みことばの霊的読書には、三つの側面があります。(1)アプローチ、(2)出会い、(3)応答です。この章では、便宜上この三つを分けて考察しますが、霊的読書の実際においては、三位一体のように統合されています。これらのどれか一つが失われたり弱まったりすると、ほかの側面にも影響が出てきます。

アプローチ(みことばにどう向かうか)

ここに至るまでに私たちが検討してきたことはどれも、みことばへのアプローチに関わるものでした。それを強調してきたのは、当然のことながら、みことばにどう向かうかが、神のことばとの出会いやそれに対する私たちの応答を左右するからです。みことばへの私たちのアプローチにおいて、先に「態度」と「構造」という二つの基本的な要因を検討しました。ここでこの二つを結びつけてみましょう。

態度

態度とは、みことばを読むときの心の姿勢に関わるものです。この姿勢には、自己観(自分自身をどう見ているか）、聖書観（聖書をどう見ているか）、存在観（「存在する」とはどういうことだと見ているか）、私たちが読むときに用いる形成中心のダイナミクス、および関係重視のダイナミクスの五つが含まれます。

自己観　みことばの霊的読書には、自分はみことばのうちに宣言され描かれている神と何らかの非常に重要な形で深く親密に関わっている、という意識が伴います。人間の歴史に割って入ってこられる聖書の神は、同時に、私たち自身の個人的な歴史、また私たちが生きているこの時代の歴史にも深く関わっておられます。この神との関係を、「私たちは神がこの世界に向かって発した『言葉』である」と本書では表現してきました。たとえ私たちが非人間的で破壊的なこの世界の力によって混乱し、歪み、堕落した言葉であっても、生ける神のことばに養われることを通して、神は私たちという言葉をキリストのかたちへと変えようとしておられます。ですから私たちは、神のことばによって直接語られることを求める神の言葉として、みことばに向かわなくてはなりません。

聖書観　みことばの霊的読書には、「聖書とは人間の文芸活動の産物以上のものである」という意識も伴います。聖書には人間の考える範疇にはとうてい収まらない次元があります。人間の表現や言い回しにいのちを与え、人間の物語を打ち破るような現実です。この次元については、本書ではみことばの図像的性質として説明しました。みことばは、異なる在り方に入っていくための窓口となります。それは、神が発した言葉（私たち）を歪めてしまった領域とはまったく異なる、「別の」存在の領域です。みことばというイコンは、私たちの混乱した価値体系から、歪んだ在り方から、劣下した行動と人間関係のダイナミクスから、私たちを召し出します。そして、癒やしと変容と完全さを見出すことのできる価値体系、在り方、行動と人間関係のモードへと招き入れます。私たちはみことばというイコンを通して神の生けることばと出会うのです。したがって、生けることばと出会うことを期待する場として、イコンとしてのみことばに向かわなければなりません。

存在観　みことばの霊的読書には、さらに次のことが伴います。みことばというイコンのうちに現される価値体系、在り方の構造、行動と人間関係のモードとは、私たちという混乱した言葉の表面だけを変化させたものではなく、それ以上の何かであるという理解です。神のことばの領域については、カイロス的存在としてすでに語りましたが、それはあまりにも完全な在り方で満ちているので、その完全さに共鳴しないものとは一切相容れません。それでも、神のことばの領域はあまりにもいのちに満ちているので、死んだ状態である私たちの古い在り方を放置しません。そこに息を吹き込み、私たちを完全さといのちへと立ち上がらせてくださいます。ですから私たちは、自分の全存在が、存在している方（Being）のご臨在のうちに招き入れられるのだという意識を持ってみことばに向かわなくてはなりません。そのご臨在の中では、そのお方の完全さといのちにそぐわない在り方と行いのいかなるものも、すべて究極的には変更を求められることになります。

形成的ダイナミクス　私たちがみことばを読むとき、私は神の「言葉」であり、神のことばによって語りかけを受けることを求めている、という理解を持って向かうならどうでしょうか。みことばとは、私たちが神の領域へ入っていくことを可能にするイコンである、という思いを持って読むならどうでしょうか。みことばとは、カイロス的存在のいのちと完全さが私たちの不完全さと死のただ中に割って入ってくるものだ、と考えて読むならどうでしょうか。そのようにアプローチするなら、私たちの読み方は形成的、つまり霊的変容を促すダイナミクスを持つようになるでしょう。自分という言葉をカイロス的存在であるイコンのもとへ持っていくためには、自分自身の在り方という観点からテクストを習得することを目指してはなりません。自分の目的を支持し、守り、推し進めるためのものとして、テクストをコントロールすることを求めてはなりません。自分の人生や、他者の人生における自分の計画を満たすためにテクストを操作しようとしてはなりません。形成的なダイナミクスとは、カイロス的存在の完全さといのちに、自分を治めていただくことです。生ける神のことばの目的が私たちのうちで成就されることを求め、神のご計画に沿って私たちという言葉をこの世界に向かって発してくださることを求めるのです。

関係的ダイナミクス　みことばへのアプローチに関する先の四つの態度があるべきところにあるなら、神のことばとの関係にも適切に入っていけるようになります。もはや自分が望むことを神に行っていただくよう神を操作するための手段としてみことばを読みません。神は私にこうしてほしいのだろう、こうなってほしいのだろうと、自分が思う姿に自らを当てはめるためにみことばを読むこともしません。みことばへの私たちのアプローチは、聖書テクストを神との関係へ入っていくための基盤にすることです。愛をもって素直に応答する心で、神に自らを開くための文脈にすることです。そしてみことばを、生き生きとした変容をもたらすような関係の中で神と出会うための場、神の言葉として私たちがこの世に向かって発せられるための場とすることです。

構造

態度がみことばの霊的読書における私たちの在り方の姿勢に関わるものであるなら、構造は霊的読書をする際の全体的枠組みに関わるものです。みことばの霊的読書にあたり、二つの重要な構造があります。霊的修練と実践的ガイドラインです。

霊的修練　霊的修練とは要するに、先のセクションで考察した重要な態度を養うための構造のことです。それらの態度は、純粋な霊的修練から切り離せません。しかし純粋な霊的修練には、それに加えてもう一つの特徴があります。それは無条件に神に差し出されるものだということです。みことばを読むことは、生けることばとの出会いの場となるべきです。神はこの出会いを通して私たちのいのち（生活）を形造ります。生ける神のことばと出会い、それによって形造られるためには、みことばを読むという行為を、愛を込めた修練として継続的に神にささげなくてはなりません。そして、神のタイミングで、神の方法で、神の目的のために用いられるよう、神に差し出すのです。

みことばを読むことを、自分が計画したゴールに到達するための手段とすることはできません。見返りを期待せず、何の要求もせず、特定の期待も持たず、制限も設定せずに神に差し出す、継続的で一貫した修練でなければなりません。神がそれを用いようと用いまいと、ただ神にささげるのです。そのように、みことばにアプローチする際の態度はすべて、霊的修練の枠組みの中に収まります。この修練を無条件にささげることにより、みことばを霊的に読む際の態度が生まれます。みことばを霊的に読むとき、私たちは神に自らを差し出します。心に浸透してくる神のことばに自分を開き、私たちの完全さといのちを求める神のみこころに、素直に応答します。

実践的ガイドライン　これについては、みことばを読むことに関するウェスレーのガイドラインの重要な側面を要約すれば十分でしょう。

1. 毎日決まった時間を、みことばを修練として読むために取り分けておきます。それは、（a）自分の一日の中で、自分がいちばん集中できる最善の時間であり、（b）神に自分を開くのに最も適した環境を確保できる時間であり、（c）精神面でも生活から来るプレッシャーや緊張から自由になれる時間であるべきです。

2. 聖書全体を着実に、定期的にカバーできるように読みます。聖書全体をカバーするには数年かかるかもしれませんが、みことばすべてに触れることができるような何らかのシステム（聖書日課など）を用いると良いでしょう。

3. みことばと向き合うときには、神の意志を余すことなく知るという目的に集中し、揺らぐことなくそれを行う意図を持つことが重要です。

4. みことばのどの部分を読む場合でも、その特定のイコンのダイナミクスを、みことば全体を通して表される、より大きなカイロス的存在の視野に関係づけるようにします。つまり、木を見て森を見ず、にならないように気をつけます。

5. おそらく最も重要なガイドラインは、祈ることでしょう。みことばの霊的読書という修練は、祈りの中で行われるべきです。みことばにアプローチするときに不可欠な態度を促す祈り、みことばを霊的に読むという修練を促す祈り、生ける神のことばとの出会いに心を開き、受け止め続けることを可能にするための祈り、そして神に対して従順に応答するために私たちを聖別していただく祈りです。

6．ウェスレーの最後のガイドラインは、みことばの霊的読書への「アプローチ」から「出会い」と「応答」へと私たちを進ませます。みことばを読むときは、自分の在り方と行い、そして自分の心と生活を吟味しなくてはなりません。そこには、私たちに浸透する生ける神のことばとの出会いがあるべきです。「出会い」についての次のセクションで、そのための方法をいくつか紹介します。さらに、みことばを読むときは、神に語られたことを自分の在り方と行いに適用すべきです。適用の方法については「応答」についてのセクションで紹介します。

これらの態度と具体的な構造がみことばの霊的読書へのアプローチを支え、それは私たちを神との「出会い」へと整えます。

出会い

みことばを読むことを通して神と出会い、神の生けることばに語られるための方法は、たくさんあります。これに関するガイダンスについては、有益なものが豊かにあります。[30] ここでは標準的な方法を説明しましょう。どの方法にも、「読むこと」と「聞くこと（または聴くこと・黙想すること）」という二つの極めて重要な段階があります。

それらの方法は、この二つの段階のどちらか、あるいは両方をより良いものにすることが想定されています。それらの方法は、その本質においては機能的ですが、先に述べた「態度」と「構造」の枠組みの中で作用します。この方法の機能的側面が優勢になり、語っていただくために神を操作するかのようにならないよう、よく気をつける必要があります。そのような危険があるため、みことばを読むことへのアプローチのダイナミクスに強調を置いたのです。ある意味、あなたのアプローチが健全なら、どんな方法を用いても、それはみことばがあなたの心と人生に染み込むための経路となるでしょう。しかしあなたのアプローチが不健全なら、あなたの用いる方法は、その不健全さが流れ込む経路となり、テクストを歪めることになります。

方法

みことばの黙想　みことばを読み、またみことばに聴くための方法はいろいろありますが、その中で最も単純でありながら最も難しいのが、みことばを黙想することです。この方法では、みことばを少しずつ読むのが最適です。最初から読む箇所を短く決めておくこともできますし（一節だけ、あるいは短い叙述など）、大きめのセクション（その日の聖書日課《レクショナリー》の箇所など）を読み、それから黙想する短い部分を選ぶのもいいでしょう。

まず、テクストを注意深くゆっくりと読みます。文章一つ一つ、フレーズの一つ一つ、単語の一つ一つに十分注意を払います。その部分を読み終えたら、さらに繰り返して何度か読むといいでしょう。それから、今度は神に注意を向け、神があなたに語りかけてくださるのを聴くために静まります。「神様、あなたはここから私に何を語っておられますか？」と祈ってもいいかもしれません。そして、神に耳を傾けます。あなたの思考がふらふらさまよい出るなら、テクストに戻り、もう一度その箇所を読みます。そして心を静め、再び耳を傾けます。何も聞こえてこないときもあるでしょうし、「あなたがファラオだ！」と語られたと先にお分かちした私の体験[31]のように、神の語りかけを聞くこともあるでしょう。

ときには、一つの単語、あるいは読んだテキストの一つの側面に集中して黙想してもいいでしょう。神の語りかけがそのようにあなたを導くかもしれません。いったん神のことばがあなたの心と人生に語りかけておられるのを「聴く」ところまできたら、その語りかけと格闘するプロセスを始めます。語られていることが、あなたの在り方とあなたの行いに何を意味するのかについて黙想するのです。

私のもう一つの体験をお分かちさせてください。あるとき、私はマルコの福音書14章3－9節から、女性がイエスに油を注いだときの記述を読んでいました。私は心を静め、この出来事を通して神が私に何を語ろうとしておられるのか、神に尋ねました。すると神は、このように私に言われました。「この女性が壺を割ったことに気づきましたか?」どちらかと言えば単純な、「安全な」問いとも言えるでしょう。しかし、その事実について思いを巡らし始めると、神は私の生活の中にある、ある顕著な一つの霊的サイクルを思い起こさせてくださいました。

そのサイクルはまず、神が私の人生の中のあるものを指摘していることに気付くところから始まります。私にとって大切なもの（ちょうどこの女性にとって、一年分の収入に相当する高価な油が大切であったように）でありながら、私が神の前に健全で完全な者であるためには、神のみこころに添わない何かです。それは特に問題のない、無害なものかもしれません。しかし私はそれを後生大事に握りしめており、それが完全な者へと成長していくことの邪魔になっています。

そのサイクルの第二段階は、回避です。私の内側を探る神の指を、避けようとするのです。神は本当にこれを指摘しておられるのか、単に自分がその件について批判的になり過ぎているだけではないか、と疑問を持ちます。しかし神は、私の生活の中にある、自分にとって大切だがあってはならない「それ」を、愛をもって、粘り強く指摘し続けます。

第三段階は、そこで私に語りかけているのは神であるとついに認めたときに訪れます。この段階は、私の生活の中にあるその大切なものの存在を合理化し、正当化しようと、神と交渉する調停期間です。ほかの部分で何か別のものをささげますからと、それを温存することを神に認めてもらおうとします。しかし神は愛をもって、粘り強く、その「高価な油」を十字架の足元に注ぎ出すよう私に求めます。

第四段階では、その「高価な油」について悔い改め、それを十字架の足元に注ぎ出すという、痛みと犠牲を払う地点にやってきます。そしてついにそれを手放すことができたことによる安心感、喜び、刷新を経験します。しかしその後、手放したはずの「それ」が戻ってくるか、何か別のものが代わりに大切なものとなっていることに気づきます。なぜでしょう？　大切な油を十字架の足元に注ぎ出したものの、その高価な油を入れていた「偽りの自己」の壺を割らなかったからです！　貪欲で自分には甘い操作的な自己は、今なおそこに居座り、注ぎ出したものの代わりに別のものを入れようと待ち構えているのです。「この女性が壺を割ったことに気づきましたか？」という問いの背後にあったものに気づき始めたのは、このときでした。

神のことばによって語りかけられるとき、黙想を通してどのようなダイナミクスがあるのか、私の体験が参考になればと思います。神の語りかけとは、ほとんどの場合、命題的な真理、永遠の真理の一部を誰もが手に取れるように包装したものではありません。神からの語りかけはたいてい、非常に鋭く、非常に個人的で、非常に具体的です。私たちの在り方と行いの深いダイナミクスに呼びかけます。神のことばは「生きていて、力があり、両刃の剣よりも鋭く、たましいと霊、関節と骨髄を分けるまでに刺し貫き、心の思いやはかりごとを見分けることができます」（へブル4・12)。

調和か不協和か　この方法はみことばを読むことに集中するのを促し、黙想の材料を与えてくれます。また、より長い分量のみことばを読むのに適しています。これは、聖書日課と併せて効果的に用いることができます。みことばを読むとき、その中にあなたの考え、態度、感情、認識といったことと調和するか、あるいは不協和があるかどうかに注意します。これは特に聖書日課を用いて聖書を読むときに良い方法です。というのも、その日に読むことになっている箇所(旧約、書簡、福音書)のどこかに、調和か不協和を感じる部分がある可能性が高いからです。

一通りその日の箇所を読み終えたら、調和あるいは不協和を感じた箇所に戻ります。調和や不協和を感じた箇所にしるしをつけるための方法を作っておくと助けになるかもしれません。ときには、一つのみことばの箇所から調和と不協和の両方を見出すかもしれません。その調和あるいは不協和を感じた地点で、神に自分を開きましょう。なぜ調和あるいは不協和を感じたのか、思いを巡らしつつあなたの在り方と行いのより深い部分でのダイナミクスに目を向け、生ける神のことばに語りかけていただきましょう。

調和すると感じることを通して、神はあなたに何を語っているでしょうか。その調和は、あなたの内側の状態について何を表しますか？　その調和は、人間関係、行動、応答といったあなたの外側の生活について何を表しますか？　神のことばは、いのちと健全さを求めて飢え渇いている、自分でも気づいていなかった生活の中のある場所に語りかけているでしょうか。あなたの在り方と行いのうちにある壊れた部分、癒やしを求めて叫び声をあげている部分に語りかけているでしょうか。満たされることを切望している、心の深い空虚感に呼びかけているでしょうか。

不協和からは、神はあなたに何を語っているでしょうか。それはあなたの在り方や行いの中で、神に反抗している何らかの部分を明らかにするでしょうか。あなたがしがみついている、欠陥のある部分に語りかけているでしょうか。あなたを健全で完全にするための神の目的にそぐわない、何らかの習慣、態度、深く染み付いている物の見方に語りかけているでしょうか。健全ではない何らかの人間関係を探っているでしょうか。あなたや他者にとって有害な、あなたの反応や応答のパターンの中核に切り込んでいるでしょうか。

これらの問いは、調和や不協和を感じる箇所についての黙想のヒントとなるものです。黙想的な読み方の場合と同様に、まず神の前に静まり、あなたの問いかけに対する答えに耳を澄ませます。ここでも、これらの調和や不協和が指し示すものは、あなたの在り方や行いの表面的側面とは直接的に関係しないことが多いものです。最初は自分の生活の表層部分から始まるように思えても、心を開き、受容する心を持ってそれらの問いを神にささげるなら、神があなたの存在の深いレベルに語りかけておられることに気づくでしょう。

想像力を用いる　これは古代からある方法ですが、近年になり再び広まってきました。[32]これだけでも有益な方法ですが、ほかの方法をより効果的にするのに用いることもできます。この方法では、みことばの一部を読むとき、その物語の参加者として自分もその場面にいると想像します。

その情景に自分がいたら見るであろうものを想像します。そこにあるものの色、動き、大きさ。登場人物の外見、表情、衣服、姿勢、動作。そこに自分がいたら聞こえてくるであろう音を想像します。風の音、鳥や動物の鳴き声、打ち寄せる波、舟のきしむ音。人々の話し声、子どもたちの遊ぶ音、赤ん坊の泣き声、人々の叫び声やうめき声、作業の音。そこにいたら感じるであろう匂いを想像します。花、海、地面、野原、農場、大工の作業場、魚市場、パン屋。香油、汗、洗ったばかりの衣服、汚れた衣服。体に感じるであろうものを想像します。そよ風や吹きつける風。部屋の静けさ。ガタガタ道。衣服の肌触り。水や大理石の柱の冷たさ。砂漠の熱や、雨や波しぶきの湿気。五感を用い、想像力を存分に駆使して、自分が読んでいるみことばの箇所の情景を具体的に、リアルに想像します。

その情景を想像によって再現したら、今度はそこに自分を置いてみます。そしてその状況について自分は何を思い、どう感じるかを吟味します。ここでも、調和または不協和を体験するかもしれません。そうであれば、それは祈りをもって神に心を開く上での焦点、またその体験の中で神のことばがあなたに語っていることについて黙想する上での焦点となるでしょう。その情景の中で、何に最も違和感なく自分を重ね合わせることができるか、自問してもいいでしょう。そして、なぜそれに最も違和感なく自分を重ね合わせることができるのか、祈りをもって黙想します。あるいは、その情景の中で自分が避けたいと思うものは何かを自問してみるのもいいでしょう。そしてそれについて、神は何とおっしゃっているか黙想します。その情景についてのあなたの肯定的または否定的な感情は、あなたの内面、外側における人間関係、応答や反応のパターンについて、何を表しているでしょうか。

みことばの一場面にフォーカスしたこのような黙想のエクササイズは、私たちに染み込んでくる神のことばに対して、自らを開くための強力な方法となり得ます。想像力を用いるこのプロセスは、データに対して合理的、論理的、認知的、分析的アプローチをする「思考」を超えたところへと私たちを動かします。そして情動・感情レベルで私たちを開きます。そのレベルは、往々にして神のことばを聞くことを必要としています。この方法は恐ろしく、厄介なものでもありますす。これまで必死に閉ざしていた領域、自分に対しても閉ざしていた領域を開け放つかもしれないからです。私たちを驚かすような感情的反応をかき立てるかもしれません。ときには、とてつもなく恍惚とした喜びを感じるかもしれません。あるいは抑えようもなく涙が流れるかもしれません。このようなエクササイズでは、あなたの存在の奥深くでのダイナミクスが解放されます。

このようなエクササイズであなたがどのような体験をしようとも、その体験とそれを通して神があなたに語っておられることについて黙想するとき、神に対してオープンでいてください。先の二つの方法で提案した問いを、想像力を用いた読み方のこの時点で用いるのもいいでしょう。

「もし私がそこにいたら」　一見するとこれは想像力を用いる読み方と同じように思えるかもしれません。実際、想像力を用いる読み方と一緒に用いることもできます。この方法では、観客の立場を離れ、自分も参加者となります。想像力を用いた方法では、あなたの存在の深い部分が強力に関わってきますが、「もし私がそこにいたら」という読み方では、それほど脅《おびや》かされないでしょう。少なくとも、初期の段階ではそうです。しかしながら、これらはどれも、生ける神のみことばから語りかけを受けることを求めるための方法です。自分という存在のあらゆる次元で、神の臨在と神の目的に自らを開放するためのものであることを忘れてはなりません。自分の中に神の目的にそぐわない部分があるならば、いずれ必ず脅かされることになります。

この方法では、自らに問いかけます。「もし私がそこにいたら、私はどのように行動していただろうか。何と言っただろうか。どのように反応しただろうか。私はどちらの側についていただろうか。人気《にんき》のない立場につく勇気を持っただろうか。それとも群衆と一緒について行っただろうか」。さらに、自分をその物語の主要登場人物（もしいれば）に重ね合わせます。そして、自分だったらどう感じ、何を考え、何をしただろうかと分析します。

こういった一連のことを自問したら、それに対するあなたの答えが神の御前での黙想の材料となります。祈りを込めて心を開き、これらの問いに対する自分の答えを神の前に持っていきましょう。あなたの答えは、あなたの在り方の深い部分でのダイナミクスについて何を明らかにするでしょうか。あなたの人生の中で神の癒やしの御手を必要としている何かを明らかにするために、神はあなたの答えについて何を語っておられるでしょうか。神の御声に耳を傾けてみましょう。

これらの方法を用いると、神の語りかけに対して、祈りと黙想と応答によってしばらく継続的に格闘する必要があると気づくかもしれません。生ける神のことばと出会うとき、単純に、小綺《こぎ》麗《れい》に、すっきりと、自分の中にあった問題に対してこれで一件落着、といった形で収まることは滅多にないのです。みことばが私たちに語るときはほとんどいつも、何らかの形で私たちが応答する必要のある事柄について語られます。神は時間をかけて、あなたの応答を用いて私たちを本来の姿へと造り変えようとなさいます。神のことばは、私たちの在り方と行いのどこか具体的な部分、私たちという言葉の欠陥のある部分に向かって語りかけます。

神は、態度、認識、耽溺、操作、価値といった私たちの内側の現実の中で私たちと出会います。また、私たちの外側の現実である習慣、人間関係、人生への反応と応答のパターンを探ります。これらの領域は、手早く簡単に解決できるようなものではありません。みことばを霊的に読むことを通して、神と出会い、神に心探られるとき、そのみことばの箇所が継続的な祈りや黙想や修練の焦点となることに気づくでしょう。それは、その時点でのあなたに対する神の目的が成し遂げられるまで続くでしょう。

これらの方法は、自分に合うようにいくらでも調整可能です。それがこういった方法の利点です。神の語りかけはとても個人的なものです。神は今のあなたと出会ってくださり、あなたの状況に語りかけてくださるのです。ありのままのあなたを神の御前に引き出すことのない聖書の読み方は、あなたの霊的形成にとってほとんど価値がありません。信心深さという仮面の背後に隠れて、あなたが神の御前に出ずにすむような方法は、あなたという言葉の混乱した性質を深めるだけです。これらの方法のどれか（あるいはこれらと似たような他の方法でも）が、あなたが生ける神のことばと出会う助けになりますように。しかし神と出会うなら、今度はそれに応答することが求められます。

応答

みことばに臨み、神と出会ったなら、次は応答です。生ける神のことばとの出会いは、私たちの応答を要求します。この応答は、単に合理的、認知的、知的レベルでなされるべきではありません。神からの語りかけが要求するのは、日々の生活における私たちの在り方と行いによる応答です。神のことばとの出会いから受ける語りかけは、日々の生活の細部に持ち込まれなければなりません。神のことばを私たちの生活に持ち込むための三つの基本的パターンについて見ていきましょう。その三つとは、思い出すための工夫（リマインダー）、修練、ジャーナリング（日誌をつけること）です。

思い出すための工夫（リマインダー）

聖書の一節を通して生ける神のことばに語りかけられたら、今度はそのみことばの箇所、あるいはメッセージを、その日一日、あるいは続く数日間、さらには数週間、数か月間、自分の身近に置いておくことが大変有益です。語られたことがあなたの存在と行いの一部になるまで、そのみことば、あるいはそれを思い出させるものを、自分の前に置き続けましょう。そうすれば、あなたを形造ることばなる神の力に対して、絶えず自らを差し出すことになります。神のことばを自分の前に置き続けるには、次のことが有益です。

紙に書き出す　神のことばを自分の前に起き続けるのに効果的な方法の一つに、何枚かのカードに書き出し、あなたの生活空間に上手に配置することがあります。そのときに語られたことを心と思いのうちに思い出させてくれる短いフレーズや、そのみことばの箇所を書き出すのです。毎日自分の目に入るような場所にそれらのカードを置けば、ほぼ一日を通して思い出すことができるでしょう。食卓、洗面所の鏡、枕元、書斎のデスク、台所の流しの前や冷蔵庫のドア、車のダッシュボード。大きめのカードに書いたものをテレビの上に置いてもいいかもしれません。いつも使うドアに貼るのもいいでしょう。外出するとき、そして帰宅するときにも、生ける神のことばを見ることになります。自分の生活空間をどのように用いるかは、あなた自身がいちばんよく知っています。語られたことを思い出すのに自分にとって最も効果的な場所を、いくつか見つけてください。

該当するみことばの箇所の全文を書き出す必要はありません。その一部を書いておけば、たいていは十分です。あるいは、みことばそのものを書き写さなくとも、その箇所を通して語られた神のメッセージの中心部分を書き留めるのでもいいでしょう。たとえば、私が出エジプト記から語られたときの場合なら、「あなたがファラオだ」という言葉を書き留めるだけで、私の心に突き刺さった神との出会いを思い起こさせるのに十分です。油を注ぐ箇所から語られたときは、「壺を割りなさい」と書けば、それで十分目的を果たします。

生ける神のことばとの出会いとは、きわめて個人的な体験なので、あなたの生活のただ中で、そのときの出会いを思い出させるようなリマインダーを考え出す必要があります。神のことばが特定の活動について語りかけたなら、その活動を行う場にリマインダーを置くといいでしょう。

暗記する　この方法は単独で用いることも、ここで言及するほかの方法と共に用いることもできます。詩篇の作者は、神のことばを私たちの心に書き、あるいは心の中に隠し、それから絶えずそれに思いを巡らすようにと何度も強く命じています。[33] 生活空間に置くリマインダーも神のことばを私たちの心と思いに繰り返し思い起こさせますが、暗記するならなお良いでしょう。みことばを暗記すれば、聖霊は一日を通していつでもそれを私たちの意識に上らせることができます。

特定のことが起こるたびに、暗記した聖句を思い出すという修練を身につけると、より効果的です。たとえばあなたは、ベルやブザー、笛、チャイムなどの音が定時に鳴るという環境で生活しているかもしれません。そうであれば、その音が鳴るたびに、神に語られたことを思い出す習慣を作ってはどうでしょうか。あるいは、電話が鳴ってもすぐに取らず、一、二度鳴るままにし、その間に神のことばを思い起こすようにしてもいいでしょう。アラームやタイマーのついた時計があれば、定期的に音が鳴るように設定し、そのたびに神のことばの前に出るというのもいいでしょう。思いがけず予定が狂ったときなど、それを神のことばの前に出るきっかけとしてはいかがでしょうか。

ここでも、あなたの生活の流れやあなたの性格をいちばんよく知っているのはあなた自身です。暗記したみことばを思い起こすのに自分にとって最も適した方法を考えてみてください。神のことばがあなたの在り方や行いの特定の側面について語っているなら、その問題のある側面が表面に出てくるまさしくそのときに、語られたことを思い出せるような方法を生み出してください。

神のことばを祈る　この方法は、ある意味、先の二つの方法の応用です。あるいは、先の二つの方法と一緒に用いることのできる方法とも言えます（この方法自体は「イエスの祈り」[34]に似ています）。聖書箇所のテクストの一部、あるいは語られた内容の中心となるメッセージを、とても短い祈りのフレーズで表現します。たとえば壺を割ることについて語られたときの場合は、「神よ、壺を割ることを助けてください」という祈りがいいでしょう。それから、一日を通して、この祈りを神に向かって呼吸するように祈ります。私の在り方と行いにおける、強欲で、自分勝手で、操作的な側面を壊していただくために、絶え間ない献げものとして、自らをこの祈りを通してささげるのです。特に自分のこのような傾向が頭をもたげてくるとき、この祈りを祈ります。

神に祈りをささげるためのリマインダーは有益です。紙に書き出したもの、ベルやブザーなどの生活の場に組み込まれたものなどは、祈るきっかけとなります。一方で、この方法が目指すのは、一日を通して呼吸に合わせた祈りを神にささげることです。生ける神のことばに絶えず心と生活を開きます。それを通して神は、あなたを神の発する言葉にするために、あなたの生活の流れの中で働くことができます。

神のことばを歌う　あなたにいくらかでも音楽の才能があるなら、先の方法の応用としてこの方法を用いてもいいかもしれません。ちょっとしたメロディーが頭に残って、それをつい一日中口ずさんでしまうという経験は誰にでもあるでしょう。それを私たちの生活における神の働きのために活用してみてはいかがでしょうか。すでに頭の中をぐるぐる回っているメロディーを使ってもかまいません。そのメロディーに、先の祈りのフレーズや神に語られたメッセージ、みことばの一節を乗せるのです。語られていることをうまく言い表す賛美歌やワーシップソングがあるなら、絶えざるリマインダーとしてそれを用いてもいいでしょう。流行りのメロディーやコマーシャルソング用いて、神の臨在の前に出てもいいでしょう。

これらのリマインダーはどれも、あなたに語りかける生ける神のことばを、日々の生活や活動の中に持ってくることを目指します。そのプロセスの中で、次なる応答のパターンが必要であることにおそらく気づくでしょう。それは霊的修練です。

霊的修練

みことばに向かうときは、それを行うという確固たる意志を持って神の御心全体を求めるべきだとウェスレーは教えます。神のことばとの出会いが、単なる情報収集だけで終わることは滅多にありません。単に私たちの知性を啓蒙するためだけに、神が私たちに語りかけることは滅多にないのです。神は私たちにいのちと完全さをもたらしたいと願っておられます。そこで、その神のみこころを破壊するようなものがないか、神が私たちの在り方と行いの深い部分にまで浸透し、探ってくださるのです。この世において、また他者の人生において、神は私たちが「神の発する言葉」になることを願っておられます。そこで私たちの中にある、そのみこころにそぐわないものを指摘してくださるのです。この出会いの目的、語りかけの目的は、私たちが神の意図する姿に変容されることです。それに対する私たちの応答は、従順という形を取ります。霊的修練という従順です。

純粋な霊的修練の本質についてはすでに述べました。生活における最も深い修練は、生ける神のことばとの出会いから生まれるものです。私たち各自の具体的な個性に、神が語りかけるところから現れるものです。みことばを読むという霊的修練は、一般的な修練であり、すべてのキリスト者が行うべきものでしょう。しかし一般的な修練にも、私たちそれぞれの在り方と行いに即した個人的・個性的な部分があります。私たちの生活の何らかの側面に神からの語りかけを体験するとき、生活のその部分で私たちにこうなってほしい、こうしてほしいと神が招いておられるものを意識するようになります。ここが、神のみこころを行うという「確固たる意志」が実行に移されるところです。

神のことばは、害となる態度や狭められた視野を探り出すなどして、私たちの生活の中にある破壊的な習慣に語りかけるかもしれません。周囲に対する歪んだ反応や応答のパターンを露わにするなどして、人間関係の中にある操作的側面に浸透してくるかもしれません。みことばを通して神からどの点について語られようとも、私たちの在り方や行いのまさしくその部分において、適切な霊的修練としての従順をささげなければなりません。日々の生活の中で神のことばに絶えず触れるための手法も、ここで役立つでしょう。それは、その部分について神のことばと出会ったことを思い起こさせ、その修練を神にささげることを思い起こさせてくれます。

しかしながら先にも述べたように、従順の修練をささげるときは、なんの見返りも期待しません。神になんの要求もしません。修練になんの期待も向けません。なんの条件もつけません。ただ神に、修練をおささげします。来る日も来る日も、毎週、毎月、毎年。神はその修練を用いるかもしれないし、用いないかもしれません。私たちは、修練を用いて自力で自分の在り方や行いを変容するのではありません。修練を通して自らを神にささげ、神の力によって変容していただくのです。

霊的修練を始めると、その修練を続けるにあたって自分を支えてくれる支援的共同体が必要だと気づくでしょう。神のことばと出会うという深い次元で、継続的に霊的修練を行える人はほとんどいません。その修練から逃げてしまったり、あまり修練を行わないことを正当化したり、自分にとって楽にできるレベルにまで薄めてしまったりするのです。修練を途中で投げ出さないように、励まし支えてくれる何らかの仕組みが必要です。それが必要だと気づいたところが、初期のメソジスト運動におけるウェスレーの「クラス」や「バンド」の素晴らしいところです。「クラス」や「バンド」は、相互に説明責任を負い合い、互いに育て支え合う定期的な交わりです。そのようなグループへの参加が難しければ、霊的同伴者にその役目を頼んでもいいでしょう。[35]

ジャーナル（日誌）をつける

神のことばとの出会いに応答する方法として最後に紹介するのは、ジャーナル（日誌）をつけることです。[36] みことばの霊的読書に合わせてジャーナルをつけるとは、個人的に深くみことばに思いを巡らすという形を取ります。「出会い」のセクションで説明したすべての方法と一緒に用いることが可能です。さらに、神のことばとともに日々の生活を送ることや、神に促されて始めた霊的修練を実践する中での出来事について、思いを巡らすこともできます。

ジャーナルをつけるとき、神のことばに対するあなたの感情、態度、反応、応答に特に気をつけてみましょう。どのように神のことばに導かれて日々の生活を送っているか、どのように修練を実践しているかを分析してもいいでしょう。うまくいったこと、いかなかったこと、気持ちが上がったこと、下がったこと、達成できたこと、できなくていら立ったことも書き留めましょう。神のことばとの出会いとそれに対する応答について、徹底的にオープンで正直になりましょう。ジャーナルの内容は誰にも見せる必要はありません。そうすることで、書くべきことを自由に書くことができます。あなたがあえて分かち合おうと思う人（たとえば霊的同伴者）以外は、誰もあなたのジャーナルを読みません。

定期的に、たとえば隔週や月に一回くらい、ジャーナルに書いたものを読み直してみましょう。神のことばへの自分の応答に、何かパターンがないか気をつけてみましょう。感情のパターンや、勝利と敗北がどうつながっているか、達成と失敗の関係などにも気をつけてみましょう。これらのことは、神のことばとの出会いとそれに対する応答に関して、あなたに何かを示しているでしょうか。それらのパターンは、神のことばに対する抵抗のパターンでしょうか。神に対するあなたの応答が限られている、あるいは何もないといった特定の状況はあるでしょうか。修練があなたの在り方の中に統合されてきたと思える時点はあるでしょうか。神が発する言葉へとあなたを変容する神の働きが、あなたの中でなされているという証拠は見られるでしょうか。

ジャーナルを読み返し、あなたがどのように神のことばに応答しているかを見ることで、あなたの霊性のダイナミクスについてさらなる洞察が得られます。神のことばが語りかけようとしている、あなたの在り方や行いの深いレベルが明らかになるかもしれません。神のことばへの私たちの応答は、最初は往々にして自分という存在の表面的なレベルでなされるものです。問題の根ではなく、症状のレベルで応答し始めるのです。しかし私たちの応答が純粋で、自分のうちで神に完全な働きをしていただきたいという深い願いによって動機付けられているなら、表面的あるいは症状の次元での応答であっても、神はそれを用いてより深い現実、神のことばへと開かれる必要のある現実に、私たちの目を開いてくださるでしょう。それは応答する用意のできた、よく訓練された従順によってなされます。神のことばは私たちを探り、より深いレベルでの応答へと導いてくれます。定期的にジャーナルを読み返すことで、それらの場所に光が当てられます。

アプローチ、出会い、応答、それらは霊的形成におけるみことばの三つのリズムです。本書での第一のフォーカスはアプローチの分野でした。なぜなら、そのリズムが出会いと応答の質と効果を左右するからです。アプローチのリズムは、文化によって最も歪められてしまった部分です。

私の祈りは、神が本書を用いて、あなたを次のことへと導き入れてくださることです。

1．神がこの世界に向かって発した「言葉」として自分を認識するようになる。

2．みことばを読むとき、形成的モードを認識するようになる。形成的モードは、生ける神のことばが歪んだ「言葉」であるあなたを、変容する神の力に向かって開きます。

3．聖書の図像的側面を認識するようになる。神のことばはこの図像的側面を通してあなたと出会い、あなたを探り、あなたの存在と行いのより深い内なる性質へと浸透していきます。

4．キリスト者としての人生をカイロス的存在として認識するようになる。それは、単に表面だけを取り繕うようにこの世界の在り方を整えたものではなく、キリストにある在り方の深遠で新しい状態です。キリストの価値、構造、ダイナミクスは、この世のものとは「完全に別」なのです。これは神のことばが成し遂げる領域です。神のことば（the Word）はみことば（scripture）を通してあなたの人生の中に語り、あなたという傷ついた言葉（word）に触れ、こうあるようにと神が発した言葉へとあなたを形造ってくださいます。

5．関係重視モードのみことばへのアプローチを意識するようになる。みことばを読むことは、もはや自分の計画にしたがって自力で神による変化をもたらすための努力ではなく、自分の人生における神の働きの仲介者となります。

6．「在り方と行い」の関係がいかなるものかを意識するようになる。みことばを読むという霊的修練と神のことばへの従順は、自分の在り方に変化をもたらすためにあなたが「行う」活動ではありません。むしろ、自分の在り方を神に変容していただくための方法として、あなたが神にささげる愛の従順の行為です。

これらの認識的および経験的変化によって、生ける神のことばとの定期的で深い出会いに、皆さんがより効果的に入っていけるようになることが私の祈りです。ここで紹介したみことばを通しての神との出会いの方法が、そのために役立ちますように。これらの方法のどれか、あるいはすべてを、みことばを読む修練として神にささげてください。そうすることで、あなたを探り、あなたに浸透し、あなたを素晴らしく変容してくださる神のことばに、あなたが絶えずオープンであれますように。

最後に、このみことばへの新しいアプローチが、神との出会いを通して、生ける神のことばへの応答へとあなたを導いてくださることを祈ります。神のことばに応答していくとき、あなたは完全に成熟した言葉へ、神がこの世と他者の人生に向かって発せられた言葉へと変容されていくでしょう。この素晴らしい冒険において、神があなたを豊かに祝福してくださいますように。

補遺Ａ　霊的形成と心理学[37]

近年、霊的形成への関心が高まっていますが、そこには弱点があります。それは、「誰にでも同じように当てはまる」という立場を取っていると思しき霊的形成の教材の急増です。そういった教材は、霊的形成のための明確なプログラムやテクニック、方法を提示します。それが暗に示唆するのは、そのプログラムに参加しさえすれば誰でも成熟した霊性に到達できるという考えです。しかしながら、霊的形成とは個人的で個別の旅路です。一人の人に役立つことが、ほかの人にも役立つとは限りません。ただしそれは、霊的形成は共同体験であると私が先に述べたことと矛盾するものではありません。継続的な霊的形成を維持しようと思うなら、他者からの支援や矯正が必要です。霊的形成が個別の旅路であるとは、その道のりが一人ひとりの個性に特化されたものだということです。

霊的形成のこのような個人的で個別の性質を考えるとき、ある一つの領域を考慮すべきであると気づきます。それは、霊的形成と心理学の関係です。

最初にはっきり述べておきますが、霊的形成は心理療法やカウンセリングの代わりになるものではありません。霊的形成は確かに精神的健全さに貢献しますし、心理療法のプロセスに貢献するかもしれません。心理療法やカウンセリングも、霊的形成のプロセスをより良いものにするかもしれません。霊的形成も心理療法も、どちらも傷や欠けのない完全な者になっていくことを求めるものであり、そういうものとして互いに補い合うことは可能です。霊的形成のプロセスの中で心理的な問題が浮き上がってきた場合には、信頼できる心理査定《アセスメント》を受けるべきでしょう。

霊的形成をカウンセリングの代わりにはできませんが、心理学は確かに、霊的形成の理解を深める上で重要な役割を担います。特に、自分に適した霊的形成のための個別のプログラムを考える上で重要です。この利点は、性格タイプの心理学的理解や人生の心理学的発達段階を意識するときに特に顕著です。

ユングによる性格分類

近年かなり広く受け入れられるようになった心理学の発展の一つに、カール・ユングによる性格タイプ論があります。ユングは長年の心理学研究を経て、人間は性格上の特性の四つのペアによって分類できるのではないかと気付きました。これらの特性は、外界との関わり方における個人の好みと関連します。その四つのペアとは、外向（E）／内向（I）、感覚（S）／直観（N）、思考（T）／感情（F）、そして知覚的態度（P）／判断的態度（J）です。

これらの四つのペアの中で、それぞれの人はどちらかをより好む傾向を持ちます。外向的か内向的か、感覚的か直観的か、思考か感情か、知覚的態度か判断的態度か、それぞれにどちらかを好むのです。四つのペアにおける好みを組み合わせると、十六種類の性格タイプが可能になります。四つの頭文字を使って表すと、以下のようになります。

ＩＮＦＰ	ＩＳＦＰ	ＩＮＴＰ	ＩＳＴＰ
ＥＮＦＰ	ＥＳＦＰ	ＥＮＴＰ	ＥＳＴＰ
ＩＮＦＪ	ＩＳＦＪ	ＩＮＴＪ	ＩＳＴＪ
ＥＮＦＪ	ＥＳＦＪ	ＥＮＴＪ	ＥＳＴＪ

人がこれらのうちのどれかのタイプであると言っても、ペアのうちのもう一つの特性がその人のうちにまったく存在しないわけではありません。たとえば、ＩＮＦＰタイプの人は、外界と関わるときにＥＳＴＪの機能が欠けているわけではありません。欠けているのではなく、ＩＮＦＰの機能に従属しているということです。また、タイプを分類するとは、同じタイプに当てはまる人が皆まったく同じ性格や性質を持っているという意味でもありません。それぞれの性格タイプの中でも、各要素の相対的な強さと弱さに強調がどう置かれるかには、無限のバリエーションがあり得ます。たとえば、同じＩＮＦＰに分類される人でも、ＩとＥへの好みの差がほとんどない人もいれば、Ｉをずっと強く好み、Ｅはそれほどでもないという人もいるでしょう。このように、それぞれのタイプの中での多様性は無限にあります。

では、これらのペアは何を示すのでしょうか。外向的な人とは、基本的に他者との関係の中に力の源を見出す人です。内向的な人は、一人でいることに力の源を見出します。外向的な人は他者といると刺激されますが、内向的な人は他者と長くいると力が失われます。内向的な人は、一人で静かに働くとか、読書や黙想するといった単独での活動をすることで刺激を受けますが、外向的な人にとっては、そのような活動は力を失わせます。外向的な人は他者がいないと孤独に感じますが、内向的な人は集団の中にいると孤独を感じるでしょう。

感覚的な人は、事実や体験（自分自身のものであれ、他者の体験であれ）に関心を示します。感覚的な人は自分の人生や周囲の世界で実際に何が起こったのか、何が起こりつつあるのかに関心があります。しかし直観的な人は、可能性や蓋然《がい》性に関心を示します。実際に何が起こったかにはあまり興味がなく、むしろ何が起こるかもしれないのか、何が起こり得たのかに興味があります。直観的な人にとって想像力は重要な役割を持つので、彼らは夢見る人、先見の明のある人です。

思考的な人は、事務的で客観的な判断をもとに物事を選びます。逆に感情的な人は、個人的な感覚をもとに選択します。思考的な人は選択するときに自分や他者の感情を考慮に入れず、客観的で論理的な原則をもとに決断する傾向があります。しかし感情的な人は、自分や他者の感情を尊重して決断します。思考的な人は自分の感情をあまり表に出しません。感情的な人は感情を表に出す傾向がはるかに強いでしょう。

判断的態度の人は、自分の生活における活動に終結があることを求めます。「やり遂げる」ことを好みます。判断的態度の人はスケジュールを決めて、それにきっちり従う傾向があります。締め切りもたいてい守ります。知覚的態度の人は、物事を終わらせることに抵抗します。結論を出さないままにしておくことを好みます。知覚的態度の人は、スケジュールや締め切りに縛られることを嫌います。

性格タイプのこの複雑さは、私たちの霊的形成に深遠な意味を持ちます。外向的な人は、共同体での霊性から非常に豊かにされます。礼拝（特に他者との交流が強調されるようなもの）やスモールグループでの体験、また分かち合ったりケアをし合ったりということは、外向的な人にとってとても重要です。一方で、内向的な人は、単独での霊性から非常に豊かにされます。ソリチュード、黙想、静まりのリトリート、読書などは、内向的な人にとってとても重要です。ほかのペアについても、同様の区別をすることができます。実際、「心理タイプ適用センター」[38]は、心理タイプを霊性に関連付けた教材を幅広く開発しています。

しかしながら、霊的形成に関して心理タイプが示唆する最も重要なことは、完全さ《ホールネス》に向かいたいなら、自分の性格の優勢な傾向と二次的な傾向の両方を養う必要があるということです。霊的形成が不十分になりがちなのはここです。多くの場合、人は自分に合った霊的修練や実践を取り入れたがります。そのため、自分にとって優勢な傾向を養い、二次的な傾向は悲惨なまでに放置される霊的形成のダイナミクスになります。たとえば、ＩＮＴＪの人は、自分の性格のそれらの側面を豊かにし向上させるような霊的生活を送ります。しかしその人のＥＳＦＰのダイナミクスには、ほとんど触れません。その結果、その人の霊的生活に破壊的にもなりかねない深刻な分裂をもたらします。養われることのないＥＳＦＰのダイナミクスは優勢なＩＮＴＪの影で煮えたぎるでしょう。そして思いがけない場所で、予想もしなかった方法で突然噴出し、ＩＮＴＪのダイナミクスの霊性を完全に崩壊させます。私たちの性格タイプは、神がこの世界に向かって発してくださった私たちという言葉の一部です。私たちが神の発した言葉として、生ける神のことばによって形造られるためには、自分という人間の全体が神の前に差し出されなくてはなりません。自分の在り方すべてのダイナミクスが、神に向かって開かれなくてはなりません。

霊的形成における性格タイプの持つ意味合いをより深く知りたいのであれば、次の三つの方法があります。最も手っ取り早いのはデイビッド・カーシー著『Please Understand Me II』(Del Mar, Calif: Prometheus Nemesis, 1998) を読むことでしょう。この本には気質分類テストが含まれており、自分の性格タイプをかなり正確に知ることができます。この本は霊的な視点から書かれたものではありませんが、人間の気質についてふさわしい理解を提供し、それぞれの性格タイプのダイナミクスについて優れた洞察を与えてくれるでしょう。二つめの選択肢は一つめに続きます。『Please Understand Me II』を読んだあとで、マイヤーズ・ブリッグス性格検査（ＭＢＴＩ）を受けてみることです。これは性格タイプについて最も正確な診断をしてくれるもので、多くの教育機関を通して受けることができます。三つめの選択肢は、先の二つに関連しますが、レ